新 潮 文 庫

工学部ヒラノ教授の事件ファイル

今 野　浩 著

新 潮 社 版

10144

はしがき

筒井康隆《やすたか》氏の『文学部唯野《ただの》教授』（岩波書店、1990）を読んだヒラノ教授は、文学部教授の生態を知って、驚き呆《あき》れ、ハラを抱えて笑った。〝コマッタ奴《やつ》らだなあ〟。ところが、その後まもなく、笑ってばかりはいられないと思うようになった。なぜならこの本が引き金になって、次々と大学暴露本が出版され、文学部教授だけでなく、経済学部教授も工学部教授も、大学教授なるものは、すべてコマッタ人たちの集まりだ、と思われるようになったからである。

全国に1000以上ある大学・短大の中に、コマッタところがあっても、別段驚くにはあたらない。しかし、すべてがそうだと思われるのは不本意である。

ヒラノ教授は、〝誰か、まともな大学について、面白い本を書いてくれないかなぁ〟と思っていたが、いつまで待っても〝まともで面白い本〟は現れなかった。

そこでヒラノ教授は決心した。〝誰も書かないのであれば、自分が書くしかない〟

と。こうして出来上がったのが、工学部に勤める〝働き蜂《ばち》〟集団の生態を紹介した『工学部ヒラノ教授』（新潮社、２０１１）である。

この本を謹呈した、東京大学工学部名誉教授には、「当たり前のことしか書いてないね」と言われてしまった。しかし、工学部教授の姿をありのままに書いたのだから、そう言われるのは〝想定内〟のことだった。

エンジニアは、寡黙《かもく》な生き物である。文系の友人（いたとしての話だが）には、自分が何をやっているのか、また何を考えているのか話そうとしない。どうせ分かってもらえないし、相手も分かりたいとは思っていない、ということが分かっているからである。

中学時代以来の友人であるS教授（経済学者）は、ヒラノ教授が東京工業大学に移籍するまでは、「大岡山（東工大）に住んでいるのは、変な奴ばかりだ」と言っていたが、文系の皆さんの多くがこう思っているのは、公然の秘密である。

文学部唯野教授は、「工学部の奴らは、何であんなに働くのか」と首をひねり、工学部教授夫人は、「うちの旦那《だんな》は、どうしてこんなに忙しいの」と訝《いぶか》っていた。ところがエンジニアには、それを説明するレトリックも時間もない。

というわけで、『工学部ヒラノ教授』を読んで、初めて彼らがどういう生き物なのか分かった、という文系読者もおられたようである。唯野教授が生息する文学部とは全く異なる工学部の実態を、一般の方々に知って頂こうというヒラノ教授の目的は、ひとまず達成されたのである。

〝工学部平《ヒラ》教授ほど素敵な商売はなかった〟。これは『工学部ヒラノ教授』の最後に記された文章である。

しかし、今になって考えると、どの職場もそうであるように、素敵な商売にもあちこちに危険な落とし穴が口を開けていた。数々のきわどい場面をくぐりぬけて、無事に定年を迎えることが出来たのは、まことに運がよかったと言わなくてはならない。

前の本が、工学部教授の表側について記したものであるのに対して、この本は現役時代には書けなかった裏側を扱ったものである。読者諸氏が、どう思われるかはともかく、ここに書かれたことは、97%真実、3%脚色である。

なお、ご存命の方に迷惑がかからないよう、登場人物の一部を、仮名とさせていただいたことをお断りしておく。

工学部ヒラノ教授の事件ファイル◆目次

工学部ヒラノ教授の事件ファイル

1 自宅潜伏1週間

ゼロと100万の間

40代半ばを過ぎるころ、〝誰もやらないのであれば、自分がやるしかない〟と考え、「金融工学」という風当たりの強い研究に乗り出したヒラノ教授は、計算がお嫌いな経済学者や、〝お金の研究〟を忌避するエンジニアが近寄ろうとしない鉱脈から、大きな宝石を掘り出すことに成功した。

虎穴《こけつ》に入って虎子を手にしたヒラノ教授には、あちこちから講演依頼が舞い込んだ。依頼元は、各種学会、区民教室、大手書店、銀行、証券会社、保険会社、セミナー業者など、さまざまである。

国立大学教授には、週1日の研修日が認められているので、本務に差し障《さわ》りがない限り、週に1〜2回の講演を大学に届け出る必要はない。一方、私立大学文系教授の中には、昼日中にワイドショーに出演している人もいるが、あれは大学の宣伝・広報活動の一環なのだろうか。

学会という長期不採算組織で講演する場合、福岡や札幌まで遠出しても、1時間余りの講演で、交通費プラス1万円の謝金が出ればいい方である。謝金をすべて会社に納めた上で、出張実費の払い戻しを受ける企業人は、「たとえ1万円でも、自分の懐《ふところ》に入るならいいじゃないか」と言われるだろうが、多くの仕事を抱えるヒラノ教授にとって、学会での講演は名誉だけの奉仕活動だった。

一方セミナー業者が、金融機関に勤めるビジネスマンを相手に開催する講演会のときは、2時間余りで10万円の謝礼を払ってくれた。中には、受講者が30人以上集まったら、1人につき2000円の上積みを払ってくれる良心的なところもあった。

売れっ子エコノミストN教授の講演料は1時間で50万円、超売れっ子作家のS氏は、100万円以下の講演は引受けないと聞いたとき、〝ヘエー。まさか〟と思ったものだが、15万円入りの封筒を手にしたヒラノ教授は、あながちそれが誇張ではないことを知った。

講演謝礼は、いわば〝お布施《ふせ》〟である。中には、あらかじめ金額を明示して依頼してくるところもあるが、もらってみるまで分からないことのほうが多い。しかし「仲間から頼まれたことは、（特別な理由がない限り）断らないこと」――これは『工学部ヒラノ教授』に記されている「工学部の教え7ヶ条」の一つである――のがモットーであるヒラノ教授は、謝礼の多寡《たか》に拘《かかわ》らず、時間と体力が許す限り、（規定に違反しない範囲で）引受けた。

　2000円のときは〝ケロケロパー〟、1万円のときは〝がっくり〟、3万円のときは〝こんなところか〟、5万円のときは〝女房を連れてレストランにでも行こうか〟、10万円のときは、（少々表現が古いが）〝やったぜベイビー〟である。

ヒラノ教授のもう1つの副収入源である原稿料も、千差万別である。（誰も読まないと言われている）学会誌の場合は、1ページ（400字詰め原稿用紙5枚）で1000円、良くても20000円程度である。

　4ページ分（20枚）書くには、駆け出し助教授時代には2週間、ベテラン教授になってからも2〜3日はかかったが、これまた奉仕活動以外の何ものでもない。

　原稿用紙1枚200円がキリなら、ピンは「日本経済新聞」の看板コラム「経済教室」の、1枚1万円である。大卒初任給が1万円程度だった時代に、谷崎潤一郎の原稿料が1枚5000円だと聞いて、過大評価ではないかと思ったものだが、「経済教室」はそれに準ずる大盤振る舞いである。

ヒラノ教授は、筑波《つくば》大学時代に1回、東京工業大学時代に2回、「経済教室」に登場させて頂く栄誉に浴したが、税込みで7万7000円ももらった上に、このコラムを愛読している工学部長から、「あなたは、経済学者よりずっと分かり易《やす》い文章を書きますね」というお褒めの言葉を頂戴《ちょうだい》して、鼻歌が出た。

応用化学のスター教授は、（必要もないのに）「経済教室」を読むたびに、頭がよじれると言っていたが、エンジニアにとって、経済学者の入り組んだ言い回しは、とても分かりにくいものなのである。

金融工学の専門家として、ヒラノ教授も「経済教室」にはなるべく目を通すようにしているが、内容を理解できるのは2回に1回くらいである。あんなにたくさん原稿料をもらっているのに、こんなに分かりにくい文章を書いて、純朴なエンジニアを惑わすのは、一種の〝犯罪〟である。

工学部スタンダードでは、「経済教室」に文章を書いても業績にはならない。ところが私立大学経済学部の中には、ここに掲載された文章を、論文1編と同列に扱ってくれるところもあるとやら。「経済教室」担当記者は、「自薦他薦で、書かせてほしいと言ってくる経済学者が多いので、困るんですよ」と言っていたが、「日本経済新聞は、経済学者をスポイルしている」という、元東大経済学部長の発言には根拠があるのだ。

ヒラノ教授が学生だったころ、東京大学工学部の売れっ子教授の年収は、国からもらう給与のほぼ3倍だと言われていた。ところが、1960年代以降の理工系大学大拡充政策によって、工学部教授の数がほぼ3倍に増えたため、彼らの平均的市場価値は、半分以下になった。

その一方で、1970年代半ば以降、田中角栄内閣の人材確保法のおかげで、大学教授の給料はかなり改善されたから、今では、〝毎年コンスタントに〟給料の2倍以上稼いでいる東大工学部教授は、10人に1人程度ではなかろうか。

20世紀が終わるころから、（大学の許可があれば）国立大学教授が民間企業の役員を兼ねることができるようになったので、給与の3倍以上の報酬を手にしている人もたくさんいるはずだが、筆者が知る限りで言えば、そのような工学部教授は、経済学部教授の半分以下である。

では、ヒラノ教授はどうだったかと言えば、国からもらう給与の2倍以上の収入があったのは、ウィーンにある国際研究機関の研究員を務めた2年間と、パデュー大学の客員准《じゅん》教授を務めた1年間の、合計3年だけである。それ以外の年は、金融工学の旗を振っていた時代でも、2倍はおろか5割増しが精一杯だった。

概算払いと旅費の二重取り

工学部教授が手にするお金の中で最も秘めやかなものが、海外出張旅費である。国立大学の場合、航空運賃は実費払い、滞在費は〝概算払い〟が標準である。概算払いというのは、大都市（たとえばニューヨークやロンドン）の場合は、1日につき2万円、中小都市の場合は、1万8000円といった基準で支払ってくれるシステムである。

サンフランシスコの大型ホテルで開催される学会の場合、一泊250ドル程度の割引料金が適用されるのが普通だが、それでもかなり足が出る。そこでヒラノ教授は、100ドル程度のモーテルに泊まって、浮いたお金をワインとお土産に廻していた。年々円高が進行する中で、ヒラノ教授はたびたび概算払いの御利益《ごりやく》に与《あずか》った。支給額は為替レートの変動に伴って変更されるが、円高の進行スピードには追いつかなかった。金額を決めるお役人もこの特典を享受《きょうじゅ》しているから、わざとゆっくりやるのである。

読者は税金泥棒と呼ぶかもしれないが、概算払いは誠に賢い方法だとヒラノ教授は思っている。何故《なぜ》なら、実費精算に比べて事務処理量が少なくて済むし、領収書を前に経理担当者と不愉快な交渉をしなくてもいいからである。また地下鉄で行けば済むところを、タクシーに乗ろうというインセンティブは生じないから、経費節約につながる。

その一方で、円安になると概算払い出張は辛《つら》い。地下鉄の初乗り料金が400円というポンド高の中での、1日2万円のロンドン出張は、完全な持ち出しだった。

そこで、ヒラノ教授が概算払い制度の下で犯した、2つの〝不正〟事件を告白しよう。

1つ目は、ニューヨーク大学が、ゴールドマン・サックス社の支援の下で実施したシンポジウムに招待されたときの、〝滞在費二重取り事件〟である。

〝招待〟というからには、滞在費は招待主が負担すると思う読者が多いだろうが、堅気の学会の場合、そのようなことは滅多にない。しかし、シンポジウムでの招待講演は、研究者にとって名誉なことなので、自分の業績を誇示するために、費用を工面して出かけるのである。

ニューヨークに出張したヒラノ教授は、シンポジウム会場になっているホテルのチェックイン・カウンターで、宿泊費が主催者によってカバーされることを知って、

〝さすがはゴールドマン（金満）・サックス〟と感心する一方で、滞在費二重取りがばれたら面倒なことになると心配になった。

しかし、滞在費の返却手続きは面倒だし、ばれる可能性は1万分の1もない。それに、日本で荒稼ぎしているゴールドマン・サックスからお金を取り戻せば、日本国民としての勲章になる。

この事件のあとしばらくして役人叩《たた》きが始まり、高級官僚の旅費二重取り、三重取りがメディアで厳しく糾弾されたが、これは先方が経費を負担することが分かっていてやるのだから、明らかな〝犯罪〟である。

〝滞在費丸儲《まるもう》け〟事件は、福岡出身の東工大助教授が九州大学に出張する際に、実家や友人の家に泊まるようなときにも発生する。地方に実家がないヒラノ教授は、残念ながらこのような恩典に浴する機会はなかった。

家で隠れていてください

2つ目の事件は、この章のタイトルになっている、〝自宅潜伏1週間事件〟である。

山梨県上九一色村の第6サティアンで、オウム真理教の麻原教祖が逮捕された翌日、ヒラノ教授は、キャンパスの中で鰐《わに》が昼寝しているという、フロリダ大学に出張することになっていた。

ところが教祖の逮捕を知って、嬉《うれ》しさのあまり飛び跳ねた瞬間、右足の踵《かかと》に激痛が走った。立っていることも出来ないほどの痛みである。

東京工業大学に勤めるようになって以来、ヒラノ教授は週7万歩というルールを設けて、暇さえあればテクテク歩いていた。車なしでは暮らせない筑波大学で8年を過ごしたのが祟《たた》って、体重は年々増え続け、近々糖尿病間違いなしと脅されたヒラノ教授は、台風が来ても雪が降っても、このルールを守り続けてきたのである。

ところが、この話を聞きつけたダンスの名手・E教授は、

「フッフッフ。7万歩ですか。僕は毎週10万歩以上歩いていますよ」と嘯《うそぶ》いた。挑発に乗った元ラグビー部員・ヒラノ教授は、7万歩を9万歩に上方修正したばかりだった。

診察を終えた医師は言った。

「これは痛いでしょうな。踵から軟骨がはみ出しています。体格がおよろしいので、負担がかかったのでしょう」

「歩き過ぎたせいでしょうか」

「どのくらい歩いたのですか」

「毎週9万歩程度です」

「お若くないのですから、余り無理なことはなさらない方がいいと思いますがね」

「どのくらいすれば治るでしょうか」

「短ければ1週間、長くて10日くらいでしょう」

「10日！」

家にたどり着いたヒラノ教授は、さっそく経理担当事務官に電話をかけた。

「ヒラノですが、明日からのアメリカ出張に出かけられなくなりました」

「どうなさいましたか？」

「踵から軟骨がはみ出して、歩けなくなってしまったんです」

「踵から軟骨⁉　それはそれは。もう出張手続きは済んでいるんですよね」

「そうです。3日前に出張旅費が振り込まれています」

「出張取り消しの手続きは厄介なんですよ。医師の診断書が必要ですし、場合によっては始末書を取られることもあります」

「お手数をおかけしてすみません」

「ヒラノ先生。ここから先は独り言です。一回しか言いませんから、良く聞いてください。出張したことにして、家の中に隠れていてください。誰かに見られると面倒なことになりますので、十分気をつけてください。いいですか。これは独り言ですからね」

「分かりました。旅費はどうすればいいでしょう」

「先生は、出張なさるんですよね」

「……」

「ではお帰りになられましたら、お土産話をお聞かせください」

「はあ」

　出張旅費を着服したヒラノ教授は、狭い公務員住宅に隠れて1週間を過ごすことになった。公務員住宅は、もちろん公務員だらけである。3つ上の階には同じ学科のY教授、となりの建物にはKGBエージェント並の嗅覚《きゅうかく》を持つS助教授が住んでいるから、絶対に外出することはできない。

　この数年前にベストセラーになり、ヒラノ教授がライバル視している、筒井康隆《やすたか》の『文学部唯野《ただの》教授』には、パリに留学したフランス文学担当助教授が、フランス語が通じないためにノイローゼになって、大学に無断で日本に逃げ帰り、下宿に隠れて1年近くを過ごす話が、面白おかしく書かれていた。

独身者だから、たまには買い物に出かけなくてはならない。結局この助教授は、憔《しょう》悴《すい》した姿を同僚に目撃され、日本に戻ったことがバレてしまうのであるが、この話を読んだときヒラノ教授は、フランス語を話せないフランス文学助教授なる者が存在するという事実に驚きを覚えた。工学部で言えば、パソコンが使えない情報工学科助教授のようなものである。

ところが工学部ヒラノ教授も、文学部助教授を笑えない状況に陥った。妻が居るから、食事は黙っていても出てくる。歩けないのだから、外出したいとは思わない。しかし痛みが治まると、フラストレーションが溜《た》まる。何しろ生まれてこの方、1週間も家の中で暮らすような経験は、一度たりともなかったのである。

そこで明日は帰国という日の夜、深々と帽子を被《かぶ》りマスクをして、近所の本屋に出かけた。週刊誌を買ってレジでお金を払っているところに、聞きなれた声が耳に入った。3階上のY教授である。〝これはまずい〟。

「しばらくお見かけしませんでしたが、風邪でも引かれたのですか」

「さっきフロリダ出張から戻ったところです。あちらはひどい寒さで、風邪をひいてしまいました」

「フロリダは、1年中夏のようなところだと聞きましたけどね」

「今年は特別だということです」

「へえ、そんなこともあるんですか。それではお大事に」

概算払い制度の下では、このような事件は全国津々浦々で発生していると推察される。あの時事務官が間髪を容《い》れずに、「家の中に隠れていてください」と言ったのは、そのような前例があったからだろう。

フロリダ出張から戻ったヒラノ教授は、経理担当事務官に（土産〝話〟ではなく）土産〝液体〟をお届けした。海外出張の機会がない事務官は、しばしばサンフランシスコやアムステルダムに出張する教授たちを羨《うらや》ましく思っているはずだから、こういうときには、目いっぱい利益を還元しておいた方がいい。

16年後の２０１１年、東大工学部の纐纈（こうけつと読みます）名誉教授と一杯やった時、東工大の学長候補者が起こした、科学研究費の不正使用事件が話題になったついでに、ヒラノ教授が自宅潜伏事件の話をしたところ、

「それは良くない。出張旅費は返還しなきゃいかん。手続きが面倒だからと言って、事務官が不正を唆《そそのか》すとは言語道断だ。東大（工学部）の事務官は、そのあたりはしっかりしている」と叱《しか》られてしまった。

返す言葉もないが、同じ東大でも文学部では、（すぐあとに紹介するように）これ

をはるかに上回る本格的不正事件が起こっている。

キオスクの出張証明書

実を言うと、自宅潜伏はこれが初めてではない。数年前のことだが、出張直前にインフルエンザに罹《かか》り、京都出張をキャンセルしたことがある。旅費は既に口座に振り込まれている。このときは、2日間自宅で寝て過ごした。

モーレツ工学部教授といえども、2年に1回くらいは病気になる。それがたまたま出張と重なることもある。39度の熱があるのにシアトルに出張して、ホテルの階段から転落死してしまった気の毒な教授もいる。

1000人の教授の1人1人が年に3回海外出張し、2年に3日間寝込むとすれば（文学部教授には難しい計算の結果）、出張できなくなるケースが、年に15回くらい発生してもおかしくない。1回の旅費を30万円とすれば、東工大全体で、年間450万円が〝意図せざる〟カラ出張で空費されていることになる。

大蔵官僚のノーパンしゃぶしゃぶ事件以来、ジャーナリズムの公務員バッシングは苛烈《かれつ》を極めた。この結果、20世紀も終わりに近づいた頃、宿泊先の領収書を提出することが求められるようになった。かくして、意図せざるカラ出張に伴う、450万円の着服は根絶された。

ところがここで厄介な問題が発生した。それは宿泊を伴わない、日帰り出張である。たとえば、京都大学で開催される研究集会に参加する場合、ヒラノ教授は自分の発表が終わると、その日のうちに東京に戻ることにしていた。翌日特別なスケジュールがない場合でも、東海大地震が起こって新幹線が止まるのが心配なので、一刻も早く家に帰りたかったのである。

日帰りだから宿泊費は出ない。ところがうっかりすると、交通費も出してもらえないことがある。

「学会参加費の領収書は、出張の証明にはなりません」

「なぜですか」

「理由は分かりませんが、会計検査院がそう言っているのです」。学会というのはあてにならない組織だから、ニセ領収書を作ることなど朝飯前だということか。そう言えば、学会と言っても「○○学会」のようなところもあるし、「ムカデの第七関節学会」という妙な学会もある。

「新幹線の領収書はどうでしょう」

「それもダメなんですね。領収書をもらっておいて、後で払い戻しを受けるという手もありますからね」。言われてみれば、思い当たる節がないではない。

「それでは、日帰り出張の場合はどうすればいいのでしょう」

「京都駅のキオスクの領収書があればOKです」

「キオスク！　でも京大の友人に、キオスクの領収書を送ってもらうように頼むことも出来ますね」

「ともかく、キオスクの領収書があればいいのです」

かくしてヒラノ教授は、京都駅に降り立つや否《いな》や、キオスクでオムスビを1つ買って、その領収書を財布の奥深くしまいこんだ。1個3万5000円也《なり》の超高価おむすびである。

では、これでカラ出張は根絶されたのか。ヒラノ教授の場合について言えば、そもそもカラ出張などしている時間がなかった。3日も家の中でじっとしていたら、MITやスタンフォードのライバルに負けてしまう。文学部唯野教授と違って、工学部ヒラノ教授は計算機と大学院生に張り付いていなければ、仕事にならないのである。

つまり、年間3500時間働く工学部教授には、カラ出張などしているヒマはないということである。では、余り働かない工学部教授はどうか。

東工大の人文・社会群で過ごした最初の3年間、ヒラノ教授は年に１０００時間も働かなかった。余りにヒマなので、心身症になったくらいである。しかしこのときは、カラ出張にあてるべき研究費がなかった！　カネがあればヒマがない、ヒマがあればカネがないのである。

ところが２００３年に、東大のN副学長（社会学者）が、５００万円のカラ出張で摘発された。国内出張なら50回分、海外出張でもビジネスクラス8回分である。はてさてこの副学長は、５００万円分も自宅に隠れていたのだろうか。同僚教授に見つかっても表ざたにはならないが、〝海外出張につき休講〟とアナウンスしておいて、学生に見つかったら危ない。

江藤淳《じゅん》教授はかつて、「研究は（書斎がある）自宅でやるものだ」とのたまわれたが、N副学長も自宅で物書きをやっておられたのだろうか。この人は、「自分の懐には入れずに研究費に回した」と言い訳したということだが、これは通らない。

一つの不正が明るみに出ると、次々に出てくるものだ。N副学長は、かなりの額の研究費を不正に使用していた、という報道もあった（研究費の不正使用については、あとで詳しく紹介する予定である。乞《こう》期待）。

副学長を辞任したあと、この人は停職（わずか）３ヶ月間の処分にあっているが、その後3年間教授職に止《とど》まり、定年退職後は〝名誉教授〟に推挙されている。この称号を受けるためには、所属学科の推薦を受けたうえで、文学部教授会の承認を得なくてはならない。

副学長という要職を務めたとは言いながら、大学の名誉を著しく傷つけたN教授が名誉教授になったのに対して、30年近くまじめに勤めた工学部O教授が、ついに名誉教授にしてもらえなかったのは、まことに理不尽なことである。

退任後も、研究室と事務サポートが得られるアメリカの名誉教授と違って、日本では、名誉教授にしてもらっても、何もいいことがないというのが通説になっているが、そうでもない。

定年後に名刺を作るとき、肩書がブランクにならなくて済むし、雑誌などに文章を寄稿するとき、名誉教授と名乗れば、偉い人だと思う人もいるからである。

2 経歴詐称《さしょう》

20代の教授と50過ぎの助教授

中学生の頃から、大学教授という職業に憧《あこが》れていたヒラノ青年は、筑波大学の助教授ポストを手に入れたとき、天にも昇る思いだった。絶対に大学には戻れないと考えていた33歳の青年が、何重もの幸運が重なったおかげで、「国際A級大学」に勤めることになったのである。

ところが、陸の孤島に建設された国策大学は、全国各地から集まった荒くれ者が、バトルを繰り広げる〝戦場〟だった。

丸腰で戦場に放り出されたヒラノ助教授は、小学生時代に流行していた囃《はや》し歌の冒頭部分、「お前の学校いい学校、上がってみたらボロ学校。新米ヘナチョコ先生が、黒板叩《たた》いて泣いちゃった」を思い出した。

一流国立大学に勤める人たちは、政府の宣伝文句を信じてこの大学に飛び込んだわれわれ「筑波三銃士」を、「筑波の三バカ」と呼んでいたほどだ。

赴任当初は、助手という軍曹相当ポストを経験せずに、中佐レベルのポストである助教授として採用されたことに感謝したヒラノ青年だったが、あちこちの大学からはみ出してきた、ディフィカルトな教授たちに〝可愛《かわい》がられて〟暮らすうちに、一日も早く教授になりたいと考えるようになった。

伝統ある大学の工学部では、ひとたび助教授ポストを射止めた人は、人並みに研究・教育実績を積み、人並みに雑務をこなせば、40代半ばには教授に昇進する。教授になった後は、(研究費さえあれば)誰の干渉も受けずに、自由に研究に勤《いそ》しむことが出来る。

ところがこの大学では、標準以上の研究実績を挙げ、標準を遥《はる》かに上廻る教育・雑務を引受けても、いつになったら教授にしてもらえるのか、皆目見当がつかない。

筑波大学は、日本で初めて講座制を廃止した大学である。講座の壁がなければ、特定の上司はいないから、無理難題を吹きかけられて消耗するリスクは少ない。その一方で、人事権は教授集団が握っているから、全《すべ》ての教授が上司のようなものである。

したがって、人がいい助教授は、何人もの教授から雑用を押し付けられる。〝頼まれたことは断らない〟というエンジニアの教えを守っていたら、身が持たない。

ヒラノ助教授は8年間の筑波暮らしで、仕事を押し付けられないテクニックを身に付けた。その1つは、学内からの電話にはなるべく出ないこと、もう1つは、体を出来るだけ細長くして、廊下の壁沿いを影のように歩くことである。

講座がなければ、教授ポストが空いても、誰が教授に昇進するのか分からない。本来であれば、最も実力がある助教授が教授になるのが望ましいが、公正な業績評価は、言うは易《やす》いが行なうは難い（最近ではグーグル・スカラーというサイトを開くと、世界中の研究者の論文一覧と、その被引用回数が、実時間で分かるようになっているが、1970年代にはこのような〝意地悪サイト〟は存在しなかった）。

15人の教授のうち10人は40代半ばの人だから、20年近くここに居続ける。教授の数は決まっているから、50代後半の3人が停年で辞める数年後に教授になり損なえば、50になるまで教授になれないのである。

その上、ヒラノ助教授が所属する計算機科学科は、物理集団の侵攻によって、7人分の教官ポストを失ってしまった（この事件については、あとで詳しく紹介する）。こうなると、停年直前まで〝万年助教授〟として暮らすことになりかねない。

講座制の大学では、助教授は通常その講座の教授より15歳から20歳年下の人から選ばれるから、大方の助教授は教授が定年退職したあと、40代半ばには教授に昇進する。

若くしてノーベル物理学賞を受賞した江崎玲於奈《れおな》博士は、「一般的に言って、理工系研究者の研究能力は45歳でピークを迎えたあと徐々に低下して、70歳でゼロになる」と言っているが、50歳過ぎまでややこしい教授の干渉を受けた助教授は、教授になったときには輝きを失《な》くしていることが多いのである。

〝40代の余り遅くならないうちに教授になって、後世に残るような研究業績を挙げたい〟。これが、間もなく40代を迎えようとしているヒラノ助教授の切なる願いだった。

テニュア獲得戦争

日本の（講座制）大学では、50代に入っても助教授（現在の准教授）という人は余り多くない。一方法学部を除けば、30代の教授は10人に1人もいない。ところがアメリカの大学には、30代はもとより20代の教授までいる。稀《まれ》に見る天才には、独創性が枯れないうちに、思う存分働いてもらおうというわけである。

ヒラノ青年の留学先である、スタンフォード大学のオペレーションズ・リサーチ（数学的手法を用いて個人や組織の意思決定問題を分析する学問。ＯＲの略称でよばれる）学科を例に取れば、9人の教授のうち5人が30代、3人が40代、そして50代は1人しかいなかった。OR学科より2年ほど早く設立された、計算機科学科もほぼ同じで、20代で教授になった人が2人もいた。

日本では、修士課程を出たあと博士課程に入るのが一般的だから、博士号を手に入れるのは、早くても27歳である。一方アメリカでは、優秀な学生は学部を出たあとすぐ博士課程に進む。彼らは3～4年で博士号を取り、20代半ばに、しかるべき大学の助教授（アシスタント・プロフェッサー）に採用される。中には22歳で博士号を取り、25歳で一流大学の正教授になった人までいる。

一流大学の助教授は、3年の任期中に5編ないし6編のレフェリー（査読）つき論文を書けば、3年の任期延長が認められる。その間に、さらに5～6編の論文を発表すれば、准《じゅん》教授（アソシエート・プロフェッサー）に昇進し、ここでテニュア（終身在職資格）を手にする。このあとは、人並みにやっていれば、何年かのちに正教授になる。

博士課程の学生たちは、6年目に入っても准教授になれない人を哀れみの眼で、3～4年で准教授になった人を羨望《せんぼう》の眼で見ていた。しかし博士号を取ってから6年の間に、10編以上の論文を書ける人は限られる。

この条件をクリアできない人は解雇通告を受け、ランクが低い大学に移籍するか、民間企業に転出する。アメリカのまともな大学で博士号を取った人は、きっちりした基礎訓練を受けているので、民間に出て成功する人は少なくない。

しかし(ヒラノ教授のように)、大学以外の職場では勤まらない人は、大学を追い出されたら行き場がない。２０１０年2月に、アラバマ大学ハンツビル校で、ハーバード大学出身の45歳の助教授が銃を乱射して、６人の同僚を死傷させる事件が起こったが、これは大学ヒエラルキーのドンヅマリに位置する大学で、准教授への昇進を否決され、行き場がなくなったことに絶望したのが原因である。

新聞報道によれば、教官が同僚に対して発砲する事件は珍しいということだが、これまでこのような事件が起こらなかった方が不思議だ、とヒラノ教授は考えている。

〝6年で10編以上の論文〟という条件は、若い助教授に重くのしかかる。このため、いつでも博士論文が書けるにも拘《かかわ》らず、なかなか腰をあげようとしない人が出てくる。ヒラノ青年の1年先輩に、トーマス・マグナンティという大秀才がいたが、博士資格試験に合格してから2年経《た》っても論文を書こうとしなかった。

一日も早く博士号を取りたいと考えていたヒラノ青年が、その理由を尋ねたところ、「学生の間に十分に力を蓄え、離陸直後に失速・墜落するリスクを減らすためだ」と言っていた。

5年の長逗留《とうりゅう》のあと、26歳で名門MITのスローン・スクール・オブ・マネジメントに助教授として採用されたこの人は、計画通り4年後に准教授、30代前半に正教授に昇進し、40になる前に学部長になっている。

30代の客員教授

38歳になっても、教授昇進の見通しが立たないヒラノ助教授に届いたのが、アメリカ中西部のインディアナ州にある、パデュー大学からの招待状である。この大学のクラナート・スクール・オブ・マネジメント（いわゆるビジネススクールの一種）に勤めるアンドリュー・ウィンストン教授のアレンジで、客員教授として招かれることになったのである。

アメリカでは、38歳で正教授というのは特別若い方ではない。むしろ、38歳の准教授は昇進が遅い方である。スタンフォードの学生は、38歳の准教授をバカにしていた。

しかし日本の工学部では、38歳の教授は特別な存在である。ヒラノ教授の知り合いの中で、30代のうちに教授になったのは、週に10万歩以上歩くE教授だけである。

ウィンストン教授からの招待状を手にしたとき、ヒラノ青年はこれで15人の横並び助教授集団から、頭1つ抜け出すことが出来ると考えた。クラナート・スクール・ランキングでは、20位から30位の間を行ったり来たりしている二流校である。しかし、2010年にノーベル化学賞を受賞した根岸英一博士が、この大学の教授だったことが示すとおり、工学部はMIT、スタンフォード、カリフォルニア工科大学などと並ぶ名門である。だから、ビジネススクール・ランキングを知らない工学部教授から見れば、38歳でこの大学に正教授として招かれるのは、驚くべき事件だった。

中学生の息子のことを考えれば、単身赴任するしかない。中年男の海外一人暮らしが辛《つら》いものであることは、よーく分かっていた。しかしいかに辛かろうが、筑波のゴタゴタに振り回されて暮らすよりはましだ、と考えたヒラノ助教授は、学科主任に4ヶ月の出張を願い出た。

テキサス大学准教授から筑波大学教授に転じた学科主任は、テキサス大学より格が高いパデュー大学から、正教授として招かれていると聞いて、びっくりしたようだった。かくしてヒラノ青年の出張申請は、前後半年の間は通常の5割増しの講義を負担するという条件付きながら、スンナリ認められた。

ところが、このあと困ったことが起こる。ウィンストン教授の招待状には〝教授〟

と書いてあったのに、その後間もなく学部長から届いた手紙では、〝准教授〟に格下げされていたのである。理由は容易に想像がついた。学部長はヒラノ助教授の研究業績が、正教授の基準を満たしていないと判定したためである。

ヒラノ青年より4つ年上のウィンストン教授は、カーネギー工科大学（現在のカーネギーメロン大学）で博士号を取ったあと、イェール大学助教授、バージニア大学准教授を経て、20代でパデュー大学にチェアード・プロフェッサー（冠教授）として招かれた大秀才である。

この人の耳には、ヒラノ青年が「線形計画法の父」こと、ジョージ・ダンツィク教授（スタンフォード大学）の覚え目出度《めでた》い大秀才だという情報が入っていた。ダンツィク教授の覚えが目出度い、というのは事実である。ところが残念なことに、ヒラノ青年は大秀才ではなかった。

ウィンストン教授と知り合った1975年、ヒラノ青年には、レフェリーつきジャーナル論文が5編と、2冊の著書があった。20代半ばに博士号を取り、その後10年余りで100編以上の論文を書いたウィンストン教授には遠く及ばないものの、博士号を取ってから4年目としては、まずまずの成績である。

このあとヒラノ青年は、筑波大学で3編の論文を書いたが、そのうち2編はレフェリーから大幅な書き直しを求められた。より本格的な計算実験を行って、提案した方法がそれまでのものに比べてどのくらい優れているかを示せ、と言うのである。

計算のやり直しには膨大な時間がかかる。まだワープロがない時代だから、数式入りの英文論文を打ち直すには、かなりのお金がかかる。週7コマの講義と、週20時間以上の雑務に追われる〝教育・雑務マシーン〟は、改訂するお金と時間を見つけることができず、論文はお蔵入りになった。

3年後にウィンストン教授が東京を訪れたとき、ヒラノ青年は筑波のミゼラブルな研究環境を説明した。同情したウィンストン教授は、同僚の1人がサバティカル休暇を取る機会に、客員教授として1学期間過ごすようアレンジしてくれたのである。

〝博士号を取ってから3年の間に、5編の論文を書いた秀才であるからには、如何《いか》に環境が悪くても、その後の3年で4編くらいは書いているだろう。であれば、（ギリギリながら）客員教授としての資格を満たしている――〟。こう考えたウィンストン教授は、招待状を書いた。

ところがそのあと、ヒラノ助教授から送られてきた業績リストを見て驚いた。過去3年間に出版された論文は1編だけだ。これでは正教授は難しい。学部長から届いた正式な招待状に准教授と書かれていたのは、そのためである。

ヒラノ助教授は、たとえ准教授でも、4ヶ月間の自由が手に入るのであればそれでいいと思っていた。教育負担は75分講義が4コマで雑用がゼロだから、少なくとも週50時間を研究にあてることが出来るからだ。

准教授であっても、出張許可がキャンセルされることはないが、面目丸潰《まるつぶ》れである。正直に申告し直すべきか、それとも放置すべきか。誰にも相談できないヒラノ青年は、悶々《もんもん》と悩んだ。

悩み抜いた末の結論は、〝放置する〟だった。〝もし何かの弾みでバレても、手違いだったことにすればいい。出張を申請した時には、教授として呼んでもらえることになっていたのだし、准教授でも教授であることに違いはない〟。

1979年の8月末にパデュー大学に到着したあと、ヒラノ准教授はびくびくしていた。誰かが訪ねてきて、教授ではないことを嗅《か》ぎ付け、周囲に言いふらすのではないか。厳密に言えば、これは一種の「経歴詐称」である。

新聞には、時折卒業大学名を偽ったり、持ってもいない博士号を持っていることにして、大学に職を得た人が解雇されたという記事が出る。

なるべくなら、誰にも会わずに4ヶ月を過ごしたい。幸い一流の工学部ならともかく、二流のビジネススクールごときには、誰も来ないだろうと思っていた。ところが、運の悪いことは起こるものだ。かねて懇意にしていた10歳年上の私立大学教授が、工学部の客員研究員としてこの大学を訪れ、2ヶ月にわたって、ヒラノ教授のアパートに同居することになったのである。

当初は警戒しながら寝起きを共にしていたが、この人が他人のプライバシーには全く関心がない〝純正エンジニア〟であることを知ってから、警戒心は薄らいだ。

一般的に言って、一流エンジニアは経済学者や文学者のように、他人の個人情報には関心を示さないものだが、この人には筑波大学関係者との接点がないから、経歴詐称がばれる可能性はまずない。

工場博士

経歴詐称と言えば、長寿人気番組「笑点」でおなじみの、三遊亭円楽師匠（現円楽、もと楽太郎のことです）が頭に浮かぶ。この人の頭の良さには、かねがね敬意を払ってきたが、忙しい仕事の合間を縫って博士号を取り、かつてヒラノ教授も非常勤講師を務めたことがある、「税務大学校」で講義を担当していると聞いて、1万時間かけて博士号を取ったヒラノ教授の敬意は尊敬に変わった。

ところが円楽師匠の博士号は、「アメリカンM&N大学」なる「ディプロマ・ミル（学位工場）」が出したものだと知って、尊敬は崇拝にグレードアップした。

ディプロマ・ミルというのは、まったく勉強しなくても、お金さえ出せば学位を出してくれるビジネスである。たとえば、「アダム・スミス大学」という格調高い名前を持つ大学の場合、1万8000ドル払えば、2年ほどで博士号を出してくれる。円楽師匠はシャレのつもりで取った、と言っているそうだが、完全に担《かつ》がれたヒラノ教授は、さすがは円楽と唸《うな》ったのでした。

ついでに言えば、工学・理学・法学・医学・人文学の博士号を併せ持つと自称する発明王・中松義郎先生の場合、日本の大学が学位を出したという記録は無いということだ。外国の大学が、傑出した研究業績を持つ学者に出す〝名誉博士号〟なのだろうか？　それとも？

アメリカでこのようなビジネスが成り立つのは、次の章で紹介するような、〝金と権力が手に入ったので次は名誉だ〟、と考える富豪が大勢いるからだろう。お金持ちにとっては、1万8000ドルで博士号が取れるなら安いものだ。

インターネット上に、ディプロマ・ミルの一覧表が掲載されるようになった今では、すぐにそれとばれてしまうが、最近まで博士号が工場で生産されたものかどうか、容易には分からなかった。

ヒラノ教授ですら騙《だま》されたくらいだから、アイダホ州ポカテロの農民が、農業コンサルタントのオフィスに、アダム・スミス大学が出したＤＢＡ（経営学博士号）の証書が飾ってあれば、信じるだろう。

しかしこれが、まともな大学に就職する際のパスポートとして使われると、大問題になる。文科省が２００７年に調査したところによれば、全国46の大学・短大に48人の「工場博士」がいたということだ。大半は私立大学の文系学部の先生らしいが、国立大学にも７校で８人いたという。

博士号がなければ教授になれないのが不文律になっている工学部では、工場博士であることがばれたら、即座に解雇されるだろう。では、博士号のない教授が大勢いる文系学部では、どのような処分が下されたのだろうか。

ヒラノ教授が学生だった頃、文部省はアメリカ製博士を本物の博士として認定してくれないと言われていた。そこでヒラノ青年は、アメリカで博士号を取ったあと、日本でも博士号を取ることにしたのだが、文部省の方針には、それなりの理由があったということである。

アメリカの大学の裏側

経歴詐称事件は、ヒラノ教授の経歴に大きな汚点を残したが、その一方でパデュー大学出張は、アメリカの大学の裏側を垣間見《かいまみ》る貴重な機会を与えてくれた。

それまでヒラノ青年が過ごした、スタンフォード大学とウィスコンシン大学には、一流の研究者と一流の学生が揃《そろ》っていた。ところが二流のビジネスクールに住んでいたのは、二流の教授と二流の学生だった。

流動性が高いアメリカでは、二流大学の一流教授は、たちまち一流大学に引き抜かれてしまう。また業績が上がらない二流助教授は解雇され、三流大学に流れていく。ひとたび三流大学でティーチング・マシーンになったら、研究者としてカムバックする道は閉ざされる。

この結果、スタート時点ではピカピカだった博士の多くは、10年後には行方知れず、あるいは〝透明人間〟になってしまうのである。

学生も同じである。優秀な学生には一流大学から奨学金が出るから、二流大学には入らない。また成績が悪い学生には、たちまち退学勧告が出る。能力と実績による完全な輪切り社会、それがアメリカの大学なのである。

〝識者〟の中には、ひとたび准教授になれば、遅かれ早かれ教授に昇進する日本の大学は甘い、と批判する人がいる。しかし処遇が厳しいのは、アメリカでも若者だけであって、ひとたびテニュアを手にしてしまえば、地位は安泰である。アメリカの名門デューク大学に勤める友人に聞いたところでは、テニュアを手に入れたあと、業績不振が理由で解雇された人は1人もいないということだ。つまりアメリカの大学も、甘いと批判される日本と、それほど違わないのである。

ついでに言えば、年齢による定年制を廃止したアメリカの大学は、70歳超の教授が溢《あふ》れる〝老人天国〟である。

若者が次々とクビになるアメリカン・システムが破綻《はたん》しないのは、世界各国から優秀な若者が集まってくるからである。アラバマ大学の銃乱射事件は、アメリカの大学が「勝者の楽園・敗者の地獄」であることを示す象徴的な事件である。

4ヶ月のパデュー生活で、ヒラノ准教授はアメリカ社会の本質をむき出しにした、2つの恐ろしい事件に遭遇した。

パデュー大学に滞在した1979年と言えば、アメリカがマネーゲーム社会に足を踏み入れた年である。普通預金の金利が15%という状況の中で、新型金融商品が次々と発売され、教授たちはマネーゲームにうつつを抜かしていた。

またこの年は、イランのアメリカ大使館占拠事件が起こった年でもある。カーター大統領の指示による人質奪回作戦が失敗に終わった後、激怒した市民がイラン人留学生排斥運動を起こした。そして過激派市民が、白人至上主義を掲げるＫＫＫ（クー・クラックス・クラン）集団のような頭巾《ずきん》を身にまとい、逃げ惑うイラン人留学生の頭を棍棒《こんぼう》で殴打《おうだ》したのである（かつてＫＫＫの本部は、パデュー大学に近いインディアナポリスにあった）。

被害者の中には、ヒラノ准教授のティーチング・アシスタント（宿題採点係）が含まれていた。頭を包帯でグルグル巻きにされた気の毒なイラン人青年を病院に見舞ったヒラノ准教授は、一日も早く日本に帰りたいと思うようになった。

殴打事件には、学生も関与していたはずだ。そうでなければ、誰がイラン人学生なのか分かるはずがない。キャンパスには警官が常駐しているにも拘らず、数十人の市民や学生が関わったこの事件で、１人の逮捕者も出なかったのは、アメリカ市民がこの犯罪を「正当防衛」と判定したからだというのが、ヒラノ准教授の解釈である。

日本に逃げ帰ったヒラノ助教授は、その翌年の大統領選挙で、タカ派のロナルド・レーガンが、弱腰のジミー・カーターを破って以来、短期出張はともかくとして、アメリカで〝暮らしたい〟とは思わなくなった。

もう1つの事件は、パデュー大学からの帰路に立ち寄った、スタンフォード大学で耳にした、キャンパス殺人事件である。電気工学科の若い教授が研究室で執務中に、背後から忍び寄った学生に、頭がい骨をハンマーでたたき割られたというのである。なかなか博士号を出してくれないことを怨《うら》んでの犯行だが、(アメリカでは)容易に手に入るピストルではなく、ハンマーを使ったところに、怨みの深さが表れている。スタンフォードで同期だった友人のP氏は、博士論文を半年以上放置した指導教授に殺意を覚えたことがあると言っていた。なにしろ博士号取得には学生の一生がかかっているのである。

幸い、ヒラノ青年は理想的な指導教授に巡り合ったが、人柄の悪い教授、忙しすぎる教授、個人的トラブルを抱えている教授、そして相性の悪い教授にあたると、不幸なことが起こるのである。

ヒラノ教授は筑波大学に戻ってから、頭がい骨陥没被害を避けるため、机の位置を90度回転させた。それまでは、ドアを背に窓に向かって腰かけていたのを、壁を背にするように変更したのである。

1980年1月に取り入れたこの方式は、以後東工大でも中央大学でも踏襲され、30年にわたってヒラノ教授の頭がい骨を守ってくれた。

3　服務規程違反

ウィーンの日本人

1974年から75年にかけて、ヒラノ青年は半年ずつ2回に分けて、ウィーン郊外のラクセンブルクに設立された、「国際応用システム分析研究所（IIASA）」で研究員生活を送った。

この研究所は、ベトナム戦争後の東西緊張緩和（デタント）政策の下で、米ソ両国を中心に、東西それぞれ8ヶ国の協力を得て設立されたもので、4人のプロジェクト・リーダーが世界各国から呼び集めた、100人弱の研究者が働いていた。

研究所の使命は、国際間にまたがる入り組んだ問題……エネルギー問題、環境問題、人口問題、国際河川利用問題など……を、当時注目されていた「システム分析手法」を用いて分析することで、ヒラノ青年の任務は、「方法論プロジェクト」の一員として、「エネルギー・プロジェクト」を支援することだった。

子供の頃からアメリカ文化に憧《あこが》れ、3年にわたるアメリカ留学でアメリカ文化に浸ったヒラノ青年にとって、ヨーロッパは関心の対象にならなかった。〝21世紀に向けて、日米の時代がやってくる。アメリカに比べると、長期低落を続けるヨーロッパから学ぶべきものは何もない――〟。

しかし、オーストリアとなれば話は別である。『会議は踊る』で見た豪華絢爛《けんらん》なハプスブルク王朝。王妃マリア・テレジアと王女マリー・アントワネットの悲劇。『第三の男』で見た、妖《あや》しくも魅力的な廃墟《はいきょ》の中のウィーン。そして少年時代以来聞き続けてきた、モーツァルト、マーラーとウィーン・フィル。

しかも研究所は、マリア・テレジアの夏の居城として知られる、ラクセンブルク城の中にあるという!

待遇も破格（アメリカ並み）だった。具体的数字を公開すると、仲間たちに妬《ねた》まれること必至なので、これまで口に厳重な鍵《かぎ》をかけてきたが、古希を過ぎた老人となれば、妬まれても気にすることはない。頭も半分陥没しているようなものだ。

給料は月3万1000シリング。1シリングは16円だから、日本円に換算すれば約50万円、筑波大学でもらっている給料の4倍以上である。その上、国際機関勤めの人には所得税がかからない。当時の日本でこれだけの税引き給料をもらっていたのは、大企業の取締役くらいではなかろうか。

4年後の1979年に、パデュー大学に勤めた時のヒラノ准《じゅん》教授の月額給与は、4000ドルだった。当時の円ドル・レートで約100万円であるが、オイルショック後のインフレと、人材確保法のおかげで、国立大学教官の給与が大幅に引き上げられたので、日米の比率は4年前と変わらなかった。

なお2010年時点で、米国の一流大学、たとえばスタンフォード大学工学部教授の年俸（9ヶ月分）は、20万ドルから30万ドルの間だそうだから、日米格差は（超円高のおかげで）2倍程度にまで縮まったことになる。

1974年（昭和49年）当時のオーストリアは、高度成長前の日本のようなところだった。米・英・仏・ソ4ヶ国による分割占領が終わった翌年の1956年に起こったハンガリー動乱の際には、25万人の難民がオーストリアに流れ込んで、ウィーンの街は大混乱に陥った。

それから12年目の1968年に起こった「プラハの春」事件の際に、ソ連の戦車隊がチェコスロバキアに攻め込んだとき、オーストリア人は恐怖に震えた。その事件からまだ6年にしかならないのだ。

ウィーンから車で東に1時間走ればハンガリー。北に1時間走れば、チェコスロバキアである。オーストリアの東半分は、共産圏に突き出た形になっているから、一朝事あれば、共産圏に組み込まれてしまうのではないか、とオーストリア国民は（ヒラノ助教授も）心配していた。

一般市民の平均月収は5～6万円で、常食はベーグルのようなパンとソーセージ。空気が乾いているので、翌日はコチコチになったパンをほぐして団子状に固め、野菜と共に煮込んだものを食べる。終戦直後にヒラノ少年がよく食べた、〝スイトン〟である。

オーストリアの産業といえば、農業と観光。一方日の出の勢いの日本は、技術大国を目指してアメリカを猛追していた。未来永劫《えいごう》、オーストリアが日本に追いつくことはないだろう――。

こう思っていたところ、2008年になって、驚くべき記事が新聞に載った。オーストリアの1人あたりGDPが、日本を超えたというのである。20年前には世界トップクラスだった日本が23位に落ち、オーストリアが12位に浮上したのである。

日本の国力が落ちたのは確かだが、オーストリアはどうやってGDPを伸ばしたのだろうか。考えられる理由の1つは（当時の）ユーロ高。そしてもう1つが、ウィーンの観光ブランドが高まったことである。

ウィーンを訪れたヒラノ青年を最も驚かせたのは「オペラ」である。中心街にある「国立オペラ座」では、有名なオペラが日替わりで上演されていた。

ウィーンに来るまで、オペラとはまったく無縁だったヒラノ青年は、足繁《しげ》く国立オペラ座に通った。当時は200シリング（3200円）も出せば、まずまずのチケットが手に入った。また嘘《うそ》だと思われるかもしれないが、レナード・バーンスタインとウィーン・フィルによる「楽友協会大ホール」でのマーラーの「一千人の交響曲」も、3000円ほどで聞くことが出来たのである。

ところがいまでは、「国立オペラ座」も「国民オペラ座」も、そして「楽友協会大ホール」の切符も8倍から10倍になっている。オーストリアのGDPが増えた1つの理由は、これだろう。

ハンガリー入国

1回目のウィーン滞在のハイライトは、2泊3日のブダペスト旅行だった。鉄のカーテン健在なりし1974年当時、日本人が共産国からビザを取得するのは容易でなかった。ところが永世中立国の国際機関に勤める研究員には、たちどころにビザが出た。

　国境では厳しい検問があると思いきや、ほとんどフリーパス。田舎道を2時間ほど走ったあと出現したブダペストの街は、聞きしに勝る美しいところだった。

　行きはよいよい、帰りは怖いという言葉どおり、ヒラノ一家を待っていたのが、国境での厳しい検問だった。ヒラノ青年は、別室に連れ込まれ、数人の国境警備隊員に取り囲まれた。ハンガリー訪問の目的、どこで何をしてきたか、誰に会ったかなどなど。20分にわたる質問攻めのあと、車内の厳しいチェック。後部座席を取り外した上に、ボディーの下まで入念にチェックするのである。

　ウィーンに戻ってからオーストリア人の友人に尋ねると、不法出国者を調べていたのだろうと言う。１９５６年のハンガリー動乱のときには、25万人のユダヤ系難民がオーストリアに脱出したが、18年経《た》っても密出国者がいるのである。

　ここまでの部分を読んだ読者には、「お前はウィーンに何をしに行ったのか」と言われてしまいそうだが、ウィークデーの9時から5時までは、「最適エネルギー・ミックス問題」と「数理計画法」に関する研究をやっていた。

　その証拠に、ここに滞在した1年の間に、3編の論文を仕上げている。1年で3編というのは、ヒラノ青年の専門分野ではまずまずの戦績である。

一生で最も豪華な半年を過ごしたヒラノ助教授は、一旦《いったん》日本に戻り、文化果つる筑波大学で教育・雑務マシーンとして過ごしたあと、翌年夏に単身でウィーンに舞い戻った。今回は贅沢《ぜいたく》を慎み、しっかりお金をためよう――。

高くつくから車は使わずにバス通勤。昼は研究所のアメリカン・スタイルのランチで200円。夜はチーズとローカル・ワインで250円。前回の〝マルキン〟生活とは対照的な、〝マルビ〟生活である（マルキンのキンは金持ちのキン、マルビのビは、貧乏のビである。念のため）。

チェコ国境の手榴弾《しゅりゅうだん》

ヒラノ青年は半年の大半を、ウィーン市内にあるアパートと、研究所の間を行き来して過ごした。家族と離れて単調な生活を送っている青年に同情してくれたのが、同じ研究所に勤める大阪大学の堅物助教授I氏である。ヒラノ助教授より2つ年下のこの人は、10倍以上の競争を潜《くぐ》り抜けてやってきた大秀才である。

アラサーの独身男は、長期海外出張するに当たって、大急ぎで結婚相手を見つけよ

う と考える。こういうところに網を張っているのが、ミッション系の大学を出た、英語ペラペラの女性である。スタンフォード大学で出会った若奥様の9割は、この手の女性だった。

ところがI助教授の奥様は、珍しく大和なでしこ風の控え目な女性だった。ヒラノ助教授は何回かこの人の家に招かれ、おいしい日本食を御馳走《ごちそう》になった上に、帰国1ヶ月前の週末にプラハ旅行に誘っていただいた。

同じ共産圏でも、チェコスロバキアの国境警備は、ハンガリーより遥かに厳しいと言われていた。検問の際に、チェコの通貨コルナ以外のものを持っているのが見つかると、即座に没収である。ところがプラハでは、ドルは公定レートの3倍の価値を持っている。

そこでヒラノ助教授とI助教授は、コルナを最小限に止め、プラハでは3倍の価値があるドルを持ち込もうと考えた。

ではどこに隠すか。靴底やパンツの中では、見つかるとカッコ悪い。そこでヒラノ助教授は、財布の奥に100ドルを隠し、残りの200ドルを、パジャマのポケットと靴下の中に隠すことにした。

相手は、まず財布の中身を調べるだろう。そこで100ドル見つかったら、持ち込み禁止だとは知らなかったと言って潔《いさぎよ》く没収して頂く。〝知らなかったのなら、それ以外に隠し持っていることはないだろう――〟。これがヒラノ助教授の想定だった。

たった300ドル（当時のレートで約9万円）とはいうものの、国境に到着したとき、ヒラノ助教授の心臓は口から飛び出しそうだった。ドイツ語が堪能《たんのう》なI助教授が、旅行の目的を観光と答えたところで、トランクを開けるよう命じられた。

ここで〝想定外のこと〟が起こった。I夫人が作った大きなオムスビが見つかったのだ。全体を海苔《のり》で包まれた黒い物体を見た警備員は、「Handgranate（手榴弾）!」と叫んで飛びのいた。そこでI助教授が、「Nein, es ist Reisball（違います。これはオムスビです）」と言って、おもむろにパクリと齧《かじ》ってみせた。

「Sehr gut. Wollen Sie essen?（これはおいしい。あなたもどうですか?）」と言うと、「Nein, nein」。無理やり贈賄《ぞうわい》したところで、検問はおしまいになった。

噂《うわさ》に聞いていた通り、ドルの威力は絶大だった。午後中タクシーを乗り回して王宮やプラハの市街地をめぐり、チェコ名産のガラス製品や人形を買いまくっても、150ドルしか使えなかった。

残りは、東ドイツからやってきて、1日5ドル分の滞在費を盗まれたと称する、2人のドレスデン工科大学の学生にディナーを御馳走した。日本の大学に憧れている、という社交辞令に気を良くしたヒラノ助教授は、盗まれた分のコルナを彼らのポケットに押し込み、慈善家の気分を味わった。チェコは貧しい国だったが、学生から聞かされた東ドイツの貧しさは、その比ではなかった。

問題は帰りの国境検問である。申告した所持金の割には、高価な花瓶や人形を持っていることを不審に思われる心配があった。検問所に到着したヒラノ助教授の心臓は、再び口から飛び出しそうだった。

しかしブダペストの時と違って、行きはコワイが、帰りはヨイヨイだった。3日前にオムスビを収賄した国境警備隊員は、ニヤリと笑って、「Reisball war gut（オムスビはおいしかった）」と言ったのである。

1ヶ月後、ヒラノ助教授は4000ドルを超えるお金と、大量のチェコやウィーン土産を抱えて日本に戻った。

あわや停職か

帰国後、お世話になってきた先輩教授に、チェコ名産の鉛ガラス製花瓶を献上した。

「高価なものをありがとう。重いから、持って帰るのは大変だったでしょう」

「重かったのは確かですが、それほど高価なものではありません」

「三越に行って御覧なさい。すごい値段がついているはずですよ」

「そうですか。でもプラハでは20ドルくらいでした」

「プラハに行ったの？　どうやってビザを取ったの？」

「研究所の事務局に頼んだら、直《す》ぐに出ました」

「じゃあ本当に行ったんだね。大学当局に知れたら大変だよ。この間、申告せずに東ドイツに入国した京大教授が、謹慎処分を受けたということだよ」

「そうですか。どうしてバレたんでしょう」

「海外出張から帰ると、パスポートの提示を求められるでしょう。入国するときにはスタンプを押されるから、一発でわかります」

「なるほど。でも昨年のハンガリーのときは、パスポートの提示は求められなかったですよ」

「ハンガリーにも行ったの？　2回となると、謹慎ぐらいじゃ済まないぜ」

「知らなかったと言ってもダメですかね」

「ダメ、ダメ、そういう言い訳は通りません」

　実を言うと、不法入国は2回でなく3回だった。ドブロブニクで開かれたシンポジウムに参加するため、ユーゴスラビアにも入国したのだ。本当なら謹慎の3乗で、減俸3ヶ月くらいになっていたかもしれない。

幸いこの時も、パスポートの提示は求められずに済んだが、「国際A級大学」を名乗るだけあって、海外出張（だけ）には寛容だったのだろうか。

鉄のカーテンがなくなった今では、自由に入国できない国は北朝鮮だけになったが、1974年当時は誰も共産圏が崩壊するなんて、考えもしなかった。1980年に小室直樹《なおき》氏が、『ソビエト帝国の崩壊』（カッパ・ビジネス）を書いたとき、誰も相手にしなかったが、分かる人には分かっていたのだ。

ついでに言えば、国家公務員が海外出張する場合、たとえ共産国でなくても、予め《あらかじ》申告していない国に入国するのはご法度《はっと》である。

文部省には在外研修という制度があって、これにあたると往復旅費と、10ヶ月分の滞在費が支給される。これは国立大学教官にとって、一生に一度のチャンスである。

出張にあたっては、滞在先から招待状をもらって、それを事務局に提示しなくてはならない。スタンフォード大学に研究員として派遣された人は、国境を超えない限り、ほかの大学を訪問することは自由である。しかし、予め申請しておかなければ、カナダのブリティッシュ・コロンビア大学を訪問することはできないのである。

西欧諸国では、国境でのビザ・チェックはなかったから、スタンプは押されなかったが、厳密に言えば、1回目のスイス、フランス、ドイツも、2回目のイタリア、イギリス訪問も違法だったのである。

知らないでやってしまった違法行為は、これ以外にもいろいろあるが、その代表は衣服を着たまま大学の研究室に入ったことである。

当時の規定では、研究室に〝私物〟を持ち込むことは禁じられていた。ヒラノ教授の吊《つ》るしの背広も、かかとがすり減った靴も、明らかに私物である。本来であれば、毎朝大学の入口で素っ裸になり、衣類を守衛に預けたうえで、公費で買った菜っ葉服に着替えてから、研究室に入らなくてはならなかったのである。

4 幻の奨学寄附金

内弟子研究生

1988年の冬、ソウル在住の女性から電話がかかってきた。お願いしたいことがあるので、近日中にお眼にかかれないかという。話の内容は、おおよそ見当がついた。

東工大には、アジア諸国から多くの留学生がやってくる。この大学で箔《はく》を付けて、いい仕事にありつこうという人であるが、資産家の子弟や成績がいい学生はアメリカ留学を目指すから、日本に来るのはその次の層である。

これらの学生は、いきなり入学試験を受けても合格する見込みがないので、〝研究生〟という身分で1年ほど準備してから、試験を受けようと考える。

研究生の受け入れは、各教官の裁量に任されていて、大学としての統一基準はない。

ヒラノ教授が学生時代に出会った2人の日本人研究生の中で、建設大手のK社から派遣されたエース級の技術者S氏は、超高層ビルの耐震設計に関する研究に取り組み、素晴らしい成果を挙げた。この成果は、日本で最初の超高層ビル、霞《かすみ》が関《せき》ビルに応用され、S氏は後にK社の副社長になった。

もう1人は、マンモス私立大学を出たあと、大学院入試を受けて不合格になったため、父親が懇意にしている教授に頼み込んで、研究生として受け入れてもらった人である。

前者が一人前の〝研究者〟であるのに対して、後者はいわば〝大学院生見習い〟、もしくは教授の〝内弟子〟である。

かつては少数だった内弟子研究生が急増したのは、文部省が大学に対して留学生の受け入れをプッシュし始めた、1980年代以降である。留学生に対しては特別枠の定員を認め、それ相応のお金を提供するので、できるだけ多くの留学生を受け入れてください、というわけである。

実験系の教授にとっては、手足は沢山あった方がいい。かくして東工大キャンパスには、中国語や韓国語が溢《あふ》れるようになった。2011年現在、東工大には約1万人の日本人学生のほかに約1200人の留学生がいるが、その4割が中国人で、1割強が韓国人である。

留学生ウェルカムとは言うものの、余りにも実力がない学生を受け入れると、教授も学生本人もまた周囲も苦労する。そこでひところから、大学当局が希望者に対して、各国の大学ランキングを、〝こっそり〟配布するようになった。

今では各種の機関が大学ランキングを公表しているから、インターネットで検索すれば、どこが一流か、そしてどこが三流かは直《す》ぐに分かるが、ソウルから電話がかかってきた1988年当時は、このようなデータをオープンにすることを控える空気が、大学執行部を支配していた。

実験系と違って、理論系の研究者にとって必要なものは、手足ではなく頭である。したがって理論系のヒラノ教授は、本国でベスト5、悪くてもベストテンに入る大学の卒業生以外は、研究生として受け入れないことにしていた。

名もなき大学の出身者に対しては、「正規の大学院生だけで研究室が満杯なので、研究生を受け入れる余裕はありません」と言えば、相手は引下がらざるを得ない。

というわけで、37年に及ぶ工学部生活の間に、ヒラノ教授が海外から受け入れた内弟子研究生は4人だけである。1人目は、上海《シャンハイ》にある中国でベスト3に入る大学の卒業生、2人目は北京《ペキン》にあるベストテンぎりぎりの理工系大学の出身者、3人目はベストテン圏外だが、大学当局の強い要請で引受けた、中国政府高官の令嬢である。この3人は当たりだった。しかし、4人目の韓国人留学生は外れも外れ、大外れだった。

普通であれば、韓国女性の依頼は、「多忙につき、お会いする時間が取れません」と言ってお断りするところだったが、そうしなかったのは、この人の日本語が余りにも美しかったからである。

数日後にやってきたのは、20代後半の、キム・ヨンジャ風の妖艶《ようえん》な美女だった。

〝こんな美人が俺のところに来たら、大騒ぎになるだろう――〟。

2年前まで東工大一の美人と称されるお嬢様が、ヒラノ教授の秘書を務めていたが、この人のフェロモンに惹《ひ》かれて、用事もないのに働き蜂《ばち》が次々と研究室に押しかけてきた（この女王蜂は、大岡山の住民には眼もくれず、有名タレントと懇《ねんご》ろになり、3年後に寿退職した）。

「このたびは、お忙しいところお時間をお取り下さいまして、誠に有難うございます。梨花女子大学の心理学科で助手を務めております、金賢姫（あの人と同姓同名！）と申します。本日は弟の享順のことでお願いがあってお伺い致しました」。〝なーんだ。本人じゃないのか〟。

「弟の享順はK大の経営学部を卒業して、いまは東京の日本語学校に通っております。

父は韓国第二の商社の会長を務めておりますが、弟にはこちらの大学で博士号を取らせて、自分が生きているうちに、一流大学の教授になってもらいたいと申しております。もし博士課程に受け入れて頂けるようでしたら、3000万円の奨学寄附金を用意させていただきますので、どうかよろしくお願い致します」

3000万円のワイロ

〝3000万円！　これだけ奨学寄附金をもらえば、少なくとも5年は研究費の心配はしなくて済む〟。

奨学寄附金というのは、企業が日ごろから懇意にしている有力教授に対して、使途を限定せず提供する研究資金である。ヒラノ教授が持っている研究費は、国立大学校費（国から支給される講座運営経費）が150万円と、4倍の競争を潜《くぐ》り抜けて手に入れた、文部省の科学研究費250万円が全《すべ》てである。

科研費は、いつも当たるとは限らない（当たらないことの方が多い）。また、使途が厳しく制限されている上に、国の単年度会計制度に合わせて、年度内に使い切らなくてはならない。

一方の奨学寄附金は、教官の研究・教育・社会的貢献活動のすべてに使用することが出来るだけでなく、次年度に繰り越すことも出来る。大学の経理を通すお金だから、本務から外れる経費に当てることは出来ないが、有力研究者を招いて講演して頂いたあとの会食費などにも使えるのが嬉《うれ》しい。

企業にお勤めの方は驚かれるかもしれないが、国立大学という組織では、学長以外には交際費は一切付かない。企業では取締役に相当する学部長にも付かない。それどころか、学部長手当の中から、その半分に相当する100万円を、事務職員の夜食代として供出するのが慣例になっていたくらいである。

長い間自腹を切って賓客を接待してきたヒラノ教授は、教授になって8年目に、50万円の奨学寄附金を頂くようになって、初めて接待問題から解放された。

ところが企業としては、株主の目が厳しいので、使途を限定しないお金を大盤振舞いすることは出来ない。したがって、ひとつの企業から提供されるお金は、たかだか100万円程度である。

また景気が悪くなると、企業はこの種の支出をカットするから、90年代以降減少の一途を辿《たど》った。たとえば東工大の場合、2001年には15億円だったものが、2010年には10億円を切ってしまった。

一つの企業から一度に3000万円もらったら、問題になるかも知れない。実際この数年後に、ある有名東大教授が、親族が経営している企業から、5000万円の奨学寄附金を受け入れたときには、教授会で大問題になっているが、1000万円ずつ3回に分ければ通るだろう。これは無下に断る手はない。

「お話は分かりましたが、アメリカと違って日本の大学では、まず修士課程に入っていただいて、そこでいい成績を上げなければ博士課程に進むことは出来ません。それに博士課程に学生を受け入れる際には、教官の側でも一大決心をしなくてはなりません。受け入れた以上は、博士号を取っていただかないと困りますからね。本人にその能力があることを確認した上でなければ、お引き受けするわけにはいかないのです」

「ごもっともです。弟はK大の経営学部を、トップクラスの成績で卒業しております。この大学は、日本では余り知名度は高くないようですが、韓国の慶応大学と呼ばれる名門校ですから、必ず先生のご期待に沿うような成績を上げることが出来ると思います。ここにお持ちしましたのは、成績証明書と指導教官の推薦状です」

成績証明書にはAが並んでいる。また推薦状には、金享順氏が稀《まれ》に見る優秀な学生である旨《むね》の内容が記されていた。

「それでは、1月に実施される修士課程の入学試験を受けて頂いて、合格すれば指導教官をお引き受けしましょう」

「その件ですが、弟は日本語が堪能《たんのう》ではありませんので、1年間研究生として預かって頂けないでしょうか」。〝やっぱりそうか。もし試験を受けるのであれば、わざわざソウルから頼みに来る必要はないわけだ〟。

「原則として、研究生は受け入れないことにしているのですが……」と言ってはみたものの、3000万円のワイロに目が眩《くら》んだヒラノ教授は、〝よほど変なやつでなければ受け入れよう〟と考えていた。

翌日姉に伴われてやってきたのは、気が弱そうな美青年だった。ヒラノ教授の質問に対しては、いちいち姉の表情を窺《うかが》い、姉が頷《うなず》くと顔を横に向けて返事をする。韓国では偉い人に対しては、正面を向いて話しかけてはいけないのだそうだ。

簡単な口頭試問……たとえば二項分布や正規分布の密度関数など……に十分答えられないことは気になったが、〝大教授〟の前で緊張して、頭の中が真っ白になっているのかもしれない――。この結果ヒラノ教授は、3年にわたってこの青年と付き合うことになるのであるが、37年に及ぶ教師歴を鉛色に彩《いろど》る大外れだった。

研究生として過ごした1年は、日本人学生の支援の下で、数学や統計学の勉強をやっていたようだ。しかし、入学試験の成績は、日本人学生の基準を大幅に緩めた「留学生基準」を下廻っていた。

これでは先が思いやられると思ったが、「1年間真面目《まじめ》に勉強した学生を落すのは気の毒ではないか」という心優しい同僚教授諸氏の言葉に抗し切れず、合格させたのが間違いのもとだった。

真っ白な美青年

口頭試問のときに真っ白だったこの青年の頭の中は、1年経《た》っても真っ白のままだった。輪講……学生が順番に教科書や論文の内容を発表する形式の授業……では、紙に書いたものを棒読みしてごまかしていたが、内容を理解していないことは明らかだった。外国の無名大学の成績証明書や、無名教授の推薦状ほどあてにならないものはない。

この分では、20単位を取得するのは難しかろうと思ったところ、1科目を除いてオールAである(Aでないのは、ヒラノ教授の科目だけである)。あとで分かったことだが、級友にアルバイト代を支払って、レポートを代筆してもらっていたのである。

日本の場合、工学部の大学院では試験をやらずに、簡単なレポートで単位を認定するケースが多い。だから、アメリカの大学なら成績不良で退学勧告が出る学生でも、日本では生き残ってしまうのである（『工学部ヒラノ教授』に詳しく書いたとおり、日本の大学院教育の質は、依然としてアメリカを大きく下回っている）。

大商社のオーナーの御曹司《おんぞうし》には、東京支社を通じて潤沢な資金が提供されていた。高額所得者の子弟が多い東大生と違って、東工大生の多くは庶民階級の出である。かつかつの生活をしている東工大生を、韓国資本が買収するのは簡単なことだった。

単位は取れたとしても、問題は2年目に書くことになっている修士論文である。東工大の学生は飲み込みが早い。「ここにこんな材料がある。こんなやり方で料理すれば、客に出せる料理が出来るはずなので、試してみたらどうでしょう」と言っておくと、細かい指示を与えなくても自分で工夫して、2～3ヶ月後にはまずまずの料理が出てくる。これにヒラノ教授が手を加え、サラダとスープを添えると、一流レストラン並みの料理が仕上がる。

この後2週間で論文を書き上げて専門誌に投稿し、編集委員とレフェリーとのバトルを乗り越えると、1編のレフェリーつき論文が完成する。この論文は、学生とヒラノ教授の共著論文として掲載される。修士の学生は1人当たり論文1編、博士課程まで進んでくれれば、1人当たり2～3編の論文が生まれる。

若くして亡《な》くなった東工大のモーレツ白川浩《ひろし》助手は、これを〝搾取《さくしゅ》〟と呼んだが、学生と協力して研究を進めるのが常態の工学部では、90％の教授は学生を搾取して業績を稼いでいるのである。

因《ちな》みに、金君の同期生であるY君を搾取して書いた論文は、ヒラノ教授の生涯最大の業績になった。工学部教授にとって、優秀な大学院生は、金の卵を産んでくれる鶏なのである。

しかし金君に、金の卵を期待するわけにはいかない。そこで、すでにケリがついている問題の再検証をやってもらうことにした。学部学生でも1～2ヶ月で終わるはずの仕事だったが、いつまで経っても結果が出てこない。2週間ごとに説明を求めたが、「もう2週間あれば終わります」を繰り返すうちに、締切日が近づいてきた。

留学生の場合は、何か書きさえすれば合格させるのが暗黙のルールである。しかし何も書かなければ、もちろん留年である。3000万円は惜しいが、修士課程でトラブるような学生を、博士課程に入れることはできない。

こう思っていたところに出てきたのが、オリジナリティーはないが、ひとまず起承転結のある論文だった。怪しいと睨《にら》んだヒラノ教授が探りを入れると、アッケラカンとして、「白川先生に手伝って頂きました」と言う。

白川先生というのは、当時ヒラノ研究室の助手を務めていた大天才である。そこで白川助手に尋ねると、これまたアッケラカンとして、「ほとんど僕が書きました」と言う。

「それは申し訳ないことをしてしまいました。しかしそんなことをやったら、本人のためになりません」

白川助手は頼んだことは何でも、そして頼まないことまでやってくれる嬉しい助手だが、これは明らかにやり過ぎである。このような学生に修士号を出すと、「東工大は誰にでも修士号を出す」と言われてしまう。留学生ネットワークを通じてこの噂《うわさ》が広まれば、出来の悪い学生が次々と押しかけてくる。

「彼はもう1年やってもダメです。実力がないし、やる気もありません。あんな学生がいると、周囲に迷惑が及びますから、早く出て行ってもらう方がいいと思います」。つまり、こんな学生を受け入れたヒラノ教授が悪いということである。

かくして金君は労せずして修士号を手にしたのであるが、このあとが厄介だった。博士になるまで帰ってくるな、と父親から申し渡されているので、博士課程に入れてもらわなければ死ぬしかないと言って泣くのである。

東工大では時折、研究に行き詰まって自殺する学生が出現する。半年ほど前に、知り合いの有力教授のところの学生が、研究上のトラブルがもとで鉄道自殺を遂げたとき、その学生を良く知っていたヒラノ教授は大ショックを受けた。ここで金君に死なれたら、国際問題になりかねない。〝いっそのこと3000万円貰《もら》って……〟。

困ったヒラノ教授は、白川助手に相談した。

「博士課程に入れてくれないと死ぬ、と言って泣くんですけど、どうしたものでしょうね」

「そんなこと信じたんですか。あの学生に限って、死ぬなんて事は絶対にありません」

「断言できますか」

「できます。修士論文が出来ないので死ぬしかないと言うので、Y君にその話をしたところ、単位が取れないと死ぬと言うのでレポートを書いてあげた、と言っていました。何かあると死ぬと言うのが、あの男の口癖なんです」

「――」

キム・ヨンジャの誘惑

かくして、3000万円の奨学寄附金は幻に終わったのであるが、もしここでキム・ヨンジャがやって来て、泣き落とし作戦を取っていたらどうしていただろうか？残念ながら、一流女子大の助手を務めるキム・ヨンジャは、何も言ってこなかった。弟の頭の中が真っ白であることを知っている姉は、修士号だけでも取れればいいと思ったのかもしれない。

辛うじて買収の危機を乗り切ったものの、このあとヒラノ教授の評判はガタ落ちになった。

学科会議で卒業生総代を決めるにあたって、学科主任が留学生の中から選びたいと仰《おっしゃ》る。卒業生の中に留学生は2人しかいない。ところがそのうちの1人は、卒業式を待たずに帰国してしまった。そうなると、候補は1人だけである。

「皆さん、金君でよろしいでしょうか」と学科主任が念を押す。一瞬間があいて、「残念ですが、金君は推薦できません」とヒラノ教授が発言すると、会場にはシラッとした空気が流れた。工学部では余程のことがない限り、指導教官は自分の学生の利益を損なうようなことは言わないものなのである。

「学部長からは、なるべく留学生の中から選んで欲しいと言われているんですけどね。金君は成績もいいのに、どうしてダメなんでしょうか」

「理由は申しあげられませんが、ともかく私としては推薦できかねます」

「そこまで仰るなら、仕方がありません。学部長には、指導教官が反対されたと報告しておきましょう」

教授諸氏は、ヒラノ教授が韓国人に対して偏見を持っていると思ったかもしれない。しかし、助手に修士論文を代筆してもらったことを明らかにすることは〝金輪際〟出来ない（これがバレたら卒業取り消しになる）。それにこのような人を総代に選んだら、同期生が呆《あき》れるだろう。

かくして、同僚たちの間でヒラノ教授の評判はガタ落ちになったが、その一方で学生の軽蔑《けいべつ》を受けずに済んだ。

金君の評判の悪さが分かったのは、同期生を招待した焼肉パーティーを、全員がボイコットしたときである。大富豪の御曹司であるにもかかわらず、ちゃっかり日本国から奨学金を頂戴《ちょうだい》し、そのお金で新車を乗り回している男の評判がよくないのは当然だが、金君と2人だけで10人分の焼肉を前にしたヒラノ教授は、とてもオークワードな気持ちを味わったのでした。

目出度《めでた》く修士号を手にした金青年は、その後父親が経営する会社の日本支社に入社したそうだが、二度とヒラノ教授の前に姿を現すことはなかった。今でも博士課程に受け入れてもらえなかったことや、卒業生総代を認めなかったことを怨《うら》んでいるのだろうか。それとも、〝富と権力は手に入ったので、次は名誉だ〟と考える父親のお金で、「アダム・スミス大学」から、「工場博士号」を手に入れて、うまくやっているのだろうか。

ヒラノ教授はその後何度か夢を見た。梨花女子大学を1番で卒業した美しい女性が、研究生として受け入れて欲しいと懇願する。受け入れたらこれが大当たり。卒業生総代に相応《ふさわ》しい論文を書いて博士課程に入学する。

3000万円の奨学寄附金をもらったヒラノ教授は、美人学生を熱烈指導。道ならぬ恋に落ちたヒラノ教授は、妻に離縁された上に、海外企業から不正献金を受けたカドで懲戒免職。

これは全くありえない話ではない。実はこのしばらく前、ヒラノ教授が特許問題で争っていた外国大企業A社の副社長なる人物から、研究費を提供したいという有り難いお申し出があった。

しかしこれは、ヒラノ教授を懐柔するための戦略であることは明らかだった。結局この話は立ち消えになったが、大学にもあちこちに、アブナイ落し穴が口を開けているのです。

5 単位略取

カンニングとチーティング

日本の大学で最もありふれた犯罪は、カンニングだろう。隣の学生の解答用紙を盗み見るといった軽度のものから、隠し持ったカンニング・シートから解答を写し取るというやや悪質なもの、解答用紙の交換、他人になりすますという本格的なものまである。

これらの古典的なカンニングに混じって、最近はインターネットを使って、外部から模範解答を送ってもらうという新手法が登場した。

悪いことを承知で学生がカンニングを行うのは、日本の大学はカンニングに甘いからである。カンニングだけではない。大学というところは、何事によらず学生に甘いところである。ヒラノ教授が学生だった頃、ある工学部教授は言っていた。

「大学では、少しばかり悪いことをやっても大目に見てもらえるが、ひとたび社会に出たらそうはいかないから、悪いことは学生のうちに済ませておきなさい」と。

筑波大学に勤めていた時、カンニング学生を大学当局に引き渡した堅物助教授に対して、「そこまでやる必要があるのか」というのが、助教授仲間の反応だった。たかがカンニングごときで、学生の将来にかかわるような処分を下すのは気の毒だ、ということである。

学生たちからTCIA（筑波CIA）と恐れられていた厚生補導委員会が、予想を裏切る寛大な処分を下したとき、ヒラノ助教授は国際A級大学を標榜《ひょうぼう》するこの大学も、日本の大学であることを確認したのである。

日本に比べると、アメリカの大学は厳しい。入学の際に渡された学生心得には、カンニング（英語ではチーティングという）を行った学生は直ちに退学処分に処す、と書かれていた。これは単なる脅しではない。見つかったら、本当に即刻退学になるのである。

このところ日本の大学でも、退学にはしないものの、カンニングがばれるとその試験期間中に受けたすべての試験を無効にする、という処分が当たり前になった。こうなると、卒業が半年遅れるので、（中大理工学部の場合）処分を受けるのは、約50

00人の中で2～3人である（捕まらない人は、この数倍はいるだろう）。ヒラノ教授も、時折カンニングを見つけたが、低レベルのものは、「これこれ、ダメですよ」と警告する程度で収めてきた。幸い、高レベル・カンニングには出会わなかったが、もし見つけたらどうしようかと悩んでいた。

そこで思いついたのが、カンニングする必要がない試験方法である。それはノート、教科書、参考書、辞書など、何でも持ち込み可（ただし携帯電話の使用はノー）とする方法である。

沢山持ち込んでも、あらかじめ勉強しておかなければ、いい点は取れない。全員が100点を取ることがないよう、問題作成に工夫を凝らすことが必要だが、この方法を使うようになってから、試験監督は随分気が楽になった。

教員の中には、〝自筆のノートのみ持ち込み可〟という方法を使っている人もいる。しかし、このような中途半端《はんぱ》なことはやらない方がいい。自筆かどうかを判定するのは難しいからである。

ごく最近、自筆ではないと思《おぼ》しきノートを所持しているのが見つかって教室から脱走を図り、結局1年を棒に振った学生がいたが、これは教員の側にも責任がある。

学生時代に、出席点と（自筆の）ノート提出だけでAをもらったことがあるヒラノ教授は、成績判定はあまり厳しくする必要はないと考えているが、文科省の事務官は、年寄りの世迷い言だと言うだろう。

色仕掛け単位略取作戦

さて、カンニングが少ないアメリカの大学で多いのが、色仕掛けの単位取得作戦である。

パデュー大学で担当したクラスの中に、アンジェリーナ・ジョリーのようなセクシー・ガールがいた（ノーブラ・タンクトップが当たり前の、アメリカ人女子学生のセクシー度は、日本のざっと4倍だったが、このところ日本でも、超脚長・超ミニスカ学生が増えたため、2倍程度にまで縮まった）。

中間試験の答案を返却した日の午後、オフィス・アワーが終わる頃合いを見計らって、アンジーが研究室に飛び込んできた。

「プロフェッサー・ヒラノ。試験の点を上積みして頂けませんか」。見せられた答案は65点だった。

「No, I am afraid not（残念ながら、ご希望には沿いかねます）」

「Aがもらえないと、奨学金を打ち切られてしまいます」

「この点なら、期末試験と宿題で頑張ればどうにかなるでしょう」

パデュー大学では、2学期連続で平均成績がBマイナス（64点以下）になると奨学金打ち切り、C（60点）以下になったら退学勧告（実際には退学命令）が出る。

なお日本では長い間80点以上がA（優）、70〜79点がB（良）、60〜69点がC（可）、59点以下がD（不可）だったが、数年前に文科省の指導で、Aは90点以上、Bは80〜89点、Cは70〜79点、Dは60〜69点と変更された。

しかし学生のことを考えれば、90点以上をSまたはAプラス、80〜89点をAとし、B以下は従来どおりとすべきではないだろうか（Cでもいやなのに、Dなんて学生が可哀想《かわいそう》だ）。

ヒラノ准《じゅん》教授のオフィスは、筑波大の7割、東工大の半分以下、具体的にいえば10㎡もない。これはパデュー大学だけではない。マンハッタンにあるコロンビア大学のオフィスは、もっと狭かった。狭いオフィスで、教授と学生は押し問答を繰り返した。

普通に頼んだのでは駄目だと見るや、アンジーはオフィスのカギを内側からロックし、ヒラノ准教授の膝《ひざ》に腰をかけ、首に手をまわした。

「何するんですか！」

「点数を変更しても誰にも分からないし、先生もその方がお得なんじゃないかしら」

その昔、『先生のお気に入り』という映画で、女子学生（ドリス・デイ）が教授（クラーク・ゲーブル）の膝の上に乗るシーンがあったが、そんな品のいいものではない。手を振り払うと、今度はジッパーに手をかけてきた。若い女が中年男を襲うなんてことがあるのか！　危うしヒラノ准教授！

このとき、ドアをノックする音が聞こえた。アンジーを突き飛ばしてドアを開けると、そこにアンディ（ウィンストン教授）が立っていた。それを見たアンジーは、ドアの隙間《すきま》をくぐりぬけて走り去った。

アンディは、一瞬のうちにコトの次第を理解したようだった。アメリカの大学では、これはありふれた事件なのである。アンディによれば、得点上乗せ、単位獲得のための体当たり作戦は、かなりの確率で成功するということだ（ノックされなかったらどうなっていただろうか）。

以後ヒラノ准教授は、セクハラに遭わないよう、ドアの下に楔形《くさびがた》の物体を置いて隙間を作ることにした。日本に戻ってからも、用心のためこの方法を採用したおかげで、以後32年にわたって、色仕掛けの単位取得作戦に出会ったことは一度もない。

日本の大学の工学部には女子学生が少ないうえに、教授は学生に甘いから、そこまでやらなくても単位が取れるし、たとえオールDであっても退学勧告は出ないからである。

アンディのおかげで、貞操の危機を乗り切ったヒラノ准教授を待っていたのは、貞操の危機パート2である。

ハニー・トラップの危機

中間試験が終わった後、ヒラノ准教授は、しばしばオフィス・アワーにやってくるスーザンから、テニス仲間と開くパーティーに招かれた。アメリカ人としては小柄な、カワイコチャンである（日本の大学でこの言葉を使ったら、セクハラになる！）。質問はいつも他愛《たわい》のないものだったが、ヒラノ准教授は、いつしかスーザンの来訪を楽しみにするようになっていた。

5時半に来るよう念を押されたヒラノ准教授は、アメリカの慣習に従って、5時35分にドアをノックした。もう仲間が来ているだろうと思ったところ、そこにはスーザンと妹の2人しかいなかった。数分後、スーザンがビールと手作りクッキーを運んできて、ヒラノ准教授の隣に腰掛けた。

「来て下さってうれしいわ。ゆっくりなさって下さいね」

「いいアパートですね。若い女性にパーティーに誘われるなんて、はじめてです。妹さんもこの大学の学生さんですか？」

「ドロシーは心理学科の4年生です」

「出身はどちらですか」

「両親はインディアナポリスの南に住んでいます。ここからは、車で2時間くらいの距離なので、始終家に帰っていますが、そのたびに母は、大学院なんか出てどうするつもりか、と聞くんです」

「アメリカのお母さんも、娘さんにそんなことを言うんですか」

「日本はどうですか」

「それはもううるさいですよ。でもこの頃は、親の権威がなくなったので、何を言っても聞いてもらえませんけどね」

こんな会話を交わしているところに、ドロシーが奥から出てきた。

「じゃあ、行って来るわね。お母さんに何か伝言ある？」

「そうね。私のことは心配しないように言っておいて」

「じゃあネ。Good luck!」

妹が出て行った途端に、スーザンはヒラノ准教授の隣にぴったり寄り添った。大きな胸とつぶらな碧《あお》い瞳《ひとみ》、そして香水の匂《にお》いに、2ケ月以上女性の身体《からだ》に触れていなかった男はクラクラした。

「オフィスに伺っても、先生は紳士的なのでがっかりだわ。私を子供だと思ってらっしゃるのかしら」

「いやいや、教師は大学の中では紳士的に振舞うのがルールです」

「大学の外なら違うってことかしら。それじゃ先生、明日ピクニックに行きませんか？」

「ピクニック⁉」

〝ランチボックスを持って、公園で観覧車にでも乗るのか⁉〟。

「どこに行くんですか？」

「明日の11時にここに来て下さい。お弁当は用意しておきます」

〝ドロシーが乗って行ったはずだが、もう1台車があるのか？　それともピクニックは口実で、ここで2人で過ごそうというのか〟。

「それはそうと、誰も来ませんね」

「みんなが来るのは6時。あと10分は2人だけ。先生は1人暮らしなんですってね」

「いやいや、1人じゃなくて、先輩と2人で暮らしています」

「男の人と一緒に暮らしているんですか？」

　アメリカでは、中年男が2人で暮らしていると、特別な関係があると思われてしまう。実際、アパートの管理事務所に、同居することになった先輩を紹介したところ、管理人のおばさんから、〝S．O．B〟なるヒドイ言葉を投げつけられた（これは、誰でも知っているFで始まる4文字言葉と並んで、アメリカではもっとも下品な言葉とされている）。

「誤解しないで下さい。私にはそのような趣味はありません。日本から来た友人の大学教授が、2ヶ月ほどこの大学に滞在することになったのですが、短期間だと部屋を見つけるのが大変なので、リビングを提供しているんです」

「じゃあ、やっぱりお1人なんですね」

「いやいや、東京にワイフがいます」

「でも、奥さんと別れてここに来たんでしょう？」。妻子を日本に残してスタンフォード大学に留学した時、下宿先のマダムが、アメリカでは夫婦が3ヶ月離れて暮らしたら、離婚されてもおかしくないと言っていた。

「別れたわけではありません。短期間なので置いてきただけです」

「そう。お子さんはいらっしゃるの？」

「うん。まあね」

「何人？」

「2人」。実は、もう1人2歳になる息子がいた。

「何歳？」

「14と11だったかな」

するとスーザンは、ヒラノ准教授の手を自分の胸に導き、唇を寄せた。次の瞬間、スーザンは立ち上がり、ティッシュでヒラノ准教授の唇を拭《ぬぐ》って言った。

「みんなが来たわ。明日は必ず来て下さいね」

〝こういうのを、据え膳《ぜん》というのだろうか。単なるアバンチュールか。しかし相手の家族状況を聞きだしたことからすると、思い付きとは思えない〟。2、3秒してドアのチャイムが鳴った。スーザンが扉を開けると、3人の女子学生が入ってきた。

アメリカには見合いという慣習はないから、娘は自力で相手を見つけなくてはならない。独身であればもちろん、バツイチ、バツニでも、また妻帯者でも、夫婦関係が破綻《はたん》していると見れば、攻撃を掛けるのだ。

相手の気持ちが分かっていて関係を結び、その上捨てたとなれば、慰謝料を請求される。この際、据え膳は食べない方が賢明だ。

もしパーティー開始時間の1時間前に呼び出されていたら、成り行きでスーザンを抱いていたかもしれない。そして万一子供でもできれば、父親がインディアナポリスから、弁護士を連れてスッ飛んで来ただろう。

相手は遊びではなく本気なのだ。実際ヒラノ准教授の知り合いの中には、単身出張中にネンゴロになった女性と別れられなくなり、奥さんと2人の娘を捨ててアメリカに永住した人がいる。こういうのを、ハニー・トラップというのだそうだが、中年男の単身赴任には危険がいっぱいである。

分別を取り戻した39歳の所帯持ちは、ピクニックには行かなかった。その後スーザンは、二度とヒラノ准教授のオフィスには姿を見せなかった。妻だけでなく2人の子供までいたら、別れさせるのは容易でない。うまくいったとしても、多大な慰謝料を請求されて、スッテンテンになった男と暮らすのは得策でない、と思ったのだろう。

あれから30年、日本ではこのようなケースには、一度も出会ったことがない。単位を下さいと言って現れる女子学生は年に2、3人はいるが、涙を流して同情を買おうとするのが精々で、身体を投げ出してまで単位をもらおうとする人は見たことが無い。

日本の女性は躾《しつけ》がいいからか、それとも日本では、アメリカほど成績が意味を持っていないからだろうか。

粉飾卒業

単位をめぐる〝犯罪〟をもう1つ。

日本の大学では、卒業までに130単位の履修を条件づけている。まともな大学のまともな学生は、3年間で120単位以上を充足し、4年間で何の問題もなく卒業していく。一方、まともでない学生はさまざまである。

卒業研究発表会が終わった後に開かれる卒業判定会議では、これらの学生をめぐって悩ましい議論が展開される。まず4単位以上不足している学生は、無条件で留年。これはどこの大学でも同じだろう。では1単位から3単位不足している学生をどうするか。

2001年時点で、都内にある某有力私立大学工学部の某学科では、2単位不足の学生については、大目に見ることになっていた。

128単位は130単位の98・5％に相当する。98・5％はほぼ100％である。

このレベルの学生であれば、留年させて1年の時間と学費を無駄にさせるより、卒業させてしまった方が本人のため、社会のためになる。

60歳定年の企業に勤める学生にとって、1年は企業人生の2・6％に相当する。年功序列の組織では、最後の1年が失われると、生涯所得の損失は5％に達する。これは余りにも気の毒ではないか、というわけである。

しかし、128単位のままで卒業させるわけにはいかない。そこで、自分が担当した科目で、この学生に不合格判定を出した教員の中の誰かが、59点以下の得点を60点以上に変更するのである。

この際この教員は、事務局に成績変更を願い出る。〝過日A君の成績を48点と報告しましたが、再度チェック致しましたところ、61点の誤りであることが判明しましたので、成績を変更させて頂きたく、よろしくお願い申し上げます〟。つまり、自分のミスで成績判定を誤ったということである。

誰もこんな書類は書きたくない。しかし、可愛《かわい》い学生のためであれば仕方がない。心優しい工学部教授は、こう考えて届けを出すのである。

厄介なのは、英語や数学など他学科の教員が担当している〝必修〟科目である。たとえ130単位以上履修していても、必修科目（たとえば英語）を落とした学生を卒業させることはできない。これは学科運営の大原則である。

このような場合は、卒業研究の指導教員が、英語担当教員のところに出向いて頭を下げる。曰《いわ》く、「A君は一流企業に就職が決まっている、将来性のある学生です。御不快だとは思いますが、何とか単位を出して頂けないでしょうか」

ヒラノ教授は2年連続で、フランス語担当教授のところにお願いに参上した。1回目は、あっさり成績変更を認めて下さったが、2回目は難航した。簡単に応じて、〝名声〟が高まるとロクなことはない、と考えたのだろう。このときは、学科主任と2人で頭を下げた結果、何とか認めていただいた。

かくして2単位不足学生の大半は、教員の苦労を知ってか知らずか、何食わぬ顔で学窓を巣立って行く。ところが最近は、このような粉飾を自粛するムードが広がっている。文科省が、大学教育をより厳密にウォッチするようになったためである。

また「JABEE（日本技術者教育認定機構）」という組織が、工学教育の国際標準化を目指して活動を開始して以来、得点の変更は難しくなった。

ゆくゆくは、この機構の認定を受けていない学科の卒業生は、海外でのプロジェクトに関与できなくなるということだから、審査を受けざるを得ない。ところがそのためには、すべての試験に関して、合格点近辺の答案を何枚か……たとえば60点から65

点の間の答案と、55点から59点までの答案をそれぞれ2枚ずつというように……提出しなくてはならないのである。

万一得点の書き換えがバレると、認定が得られないかもしれない。そうなったら学科の存亡にかかわるので、単位粉飾はやめましょう、というわけである。

ヒラノ教授は、ここまでグローバル・スタンダードに合わせる必要はないと考えているが、読者諸氏はどう思われるだろうか。

なお、教育内容に自信を持っているアメリカの一流大学、例えばスタンフォードやハーバード大学は、アメリカ版ＪＡＢＥＥの認定を受けていないし、東大や京大はいまのところ受ける予定はないようである。

6　違法コピー

写本の時代

小学校に入った1947年（昭和22年）、ヒラノ少年は学校が終わると、メンコ、釘《くぎ》抜き、ベーゴマ、水雷駆逐などで遊び廻り、暗くなって家に帰ると、粗食を食べて8時には寝てしまった。

ラジオは壊れている。新聞もない。エライお兄ちゃんは、話し相手になってくれない。することがないから、寝るしかない。ところが8時に寝ると、夜中に〝お叱古《しっこ》〟で目が覚める。すると、奥の3畳間で父が書き物をしている。駅弁大学（地方の国立大学）で数学を教えていた父は、大学から借り出した洋書を、ノートに書き写していたのである。

1ドル360円の時代だから、アメリカで5ドルで売られている本は、日本では2

000円以上していた。老舗《しにせ》そば屋のきつねそばが20円の時代だから、現在の貨幣価値に換算すると、最低でも4万円である。1冊10ドルの本なら8万円である。

当時の父が、どれほどの月給をもらっていたかは知らない。しかし、自分で買える金額でないことは確かだ。そこで図書館から借り出して、重要な部分を書き写していたのである。

父が写本する姿を見なくなったのは、海賊本業者が登場して、4000円の洋書が、3分の1から5分の1くらいの値段で買えるようになってからである。ヒラノ教授は2度目の定年を迎えるまで、父が残した海賊本を10冊ほど保存していたが、学生時代の青焼きコピーの文字が読めなくなった後も、海賊活字は健在だった。

わが国の科学技術が欧米にキャッチアップする上で、海賊版が果たした役割は極めて大きい。このことを知っているヒラノ教授は、現在わが国を悩ませている、〝礼節を知らない〟人たちの海賊ソフトには、複雑な思いを抱いている。

ヒラノ青年が大学に入った1959年（昭和34年）当時、海賊本はまだ生きていた。時折大学に姿を現す業者に頼んでおくと、大体の本は手に入った。

コピー機は世に出ていたが、1枚のコピーを取るのに1分以上かかったし、コストも1枚当たり50円くらいしていた。大学でのコピー管理は厳重を極めており、学生たちはどうしても必要なものだけを、学科主任の許可を得た上でコピーして、解剖学者が死体の全臓器を調べ尽くすように丹念に読んだ。

ヒラノ青年の指導教官は、「本は自分で買って読むものだ。コピーで獲得した知識は、素早く色あせてしまう」と言っていたが、数ヶ月で変色するコピーを眺めては、論文の内容が頭の中に定着しないのはコピーのせいか、と考えたものである。

もちろんこれは、コピー経費の急増を食い止めるために、教授たちが考え出した高等戦術であるが、この言葉を信じてしまうくらい、当時のコピーは質が悪かった。

なんでもコピーの時代

ところが、驚異の高性能機「ゼロックス」が登場した1960年代はじめ以来、コピー機の進歩は目覚ましく、80年代に入ると1枚20円、90年代に入ると10円の時代がやってきた。コピー・スピードも著しく速くなり、今や1枚1秒もかからない。世の中には、ページをめくってくれるコピー機まであるらしい。

値段が安くなったため、教授も学生もコピーを取りまくった。ヒラノ教授は1995年に、学科の経費削減委員会のメンバーとして調査を行ったことがあるが、5つの講座からなる経営システム工学科の年間コピー枚数は53万枚に達していた。1講座（教官3人）あたり10万枚以上である。

その半数以上は学科内のお知らせや、学生たちがゼミのために作成するレジメの類《たぐい》である。しかし、少なく見積もっても10万枚は、本や雑誌からの無断コピーである。

80年代に入ると、一般書籍だけでなく学術雑誌に掲載された論文も、著作権で保護される時代がやってきた。たとえば、米国に本拠を置く「ＩＮＦＯＲＭＳ」という学会は、80年代末以降9つの雑誌のすべてについて、論文1編あたり1・25ドルの支払いを義務づけた。また商業出版社が発行している専門雑誌の場合は、1編あたり7～8ドルが相場だった。

1編あたりの平均が3ドルとしても、学科全体では、400万円のコピー料金とは別に、年間300万円程度の著作権使用料を、学会や出版社に支払わなくてはならないということである。300万円といえば、学科が国から頂戴《ちょうだい》している運営費の2割に相当する。

幸いなことに日本では、知的財産権の保護は緩やかだったから、知らぬ顔でごまかしていたが、1年に300万円の著作権使用料を支払わされることになれば、40年前に戻って、厳しいコピー管理を実施したうえで、「コピーを読むと脳がスポンジ化する」という風評を広めることが必要になるだろう。

ではヒラノ教授自身は、どのくらいの著作権料を踏み倒したのだろうか。知り合いの中には、年に1000編の論文を読む人もいるが、ヒラノ教授はその5分の1程度だから、これに3ドルを掛けると、年間（たかが）600ドルに過ぎない。

しかし、1000人の教官が働いている東工大全体では、5000万円に達する。コピーされる側としては、〝たかが〟と言って済ませられる金額ではない。

コピーする人、される人

ヒラノ教授は東工大在職中に、7冊の教科書と2冊の専門書を書いた。教科書を書いても収入には結びつかないが、知名度を上げる上では大いに役に立つ。また教科書があれば、講義の際に複雑な数式を黒板に書き写さずに済む。

ところが「微分積分学」のような、理工系学生のすべてが履修する基礎教科は別として、上級生のためのやや専門的な教科書は、履修者が限られるので、それほど沢山は売れない。初版1500部を1〜2年で売り切って、以後毎年500部（5000部ではありません）売れるような本は、10冊に1冊もない。

最近では、初版1000部でおしまいという本も多い。こうなると、本の値段は高《こう》騰《とう》する。高くなれば売上げが減る。するとますます高くなる。

参考のために、具体的な数字を挙げよう。ヒラノ教授が1978年に出した『非線形計画法』は、354ページで定価が3400円だった。ところがその10年後の1987年に出した『線形計画法』は、266ページで3000円、そして1995年の『理財工学I』は、166ページで3000円だった。

どれも同じ出版社から出したものであるが、17年間でページ当たりの単価が80％も上昇したのである。

では売上げはどうかと言えば、初めの2冊が1万部近く売れたのに対して、3冊目は3000部でおしまいである。出来が悪いということもあるが、ページ当たり単価の上昇は、コピー価格の低下と高い相関がある。

1979年には1枚30円だったコピー料金は、80年代に入ると20円、90年代には10円になり、いまや1枚5円の時代を迎えた。

コピー1枚が30円であれば、354ページ分コピーするには、（見開き2ページ分を1枚として）5000円以上かかる。したがって、誰も丸ごと1冊コピーしようとは思わない。ところが1枚20円になれば、166ページの本は1700円でコピーすることができる。10円になったら1000円以下で済む。

かくして学生たちは、図書館から借り出して丸ごとコピーするようになった。自分の本のコピーを持っている学生を見かけるたびに、ヒラノ教授はアンビバレントな気持ちを味わった。

2冊目の教科書を出して間もない頃、出版社の編集者は、「先生の本は、売上部数の5倍くらいの人に読まれていますよ」と慰めて下さったが、要は5人のうち4人がコピーを読んでいるということだ。

若い頃のヒラノ教授は、学生のため、自分のため、そして仲間のためにせっせと教科書を書いた。ところが、1997年に出した教科書が、初版1000部で絶版になって以来、教科書を書く意欲が失《う》せた。

1000部で打ち止めになると、著者に入る印税は、定価が3000円として30万円である。1冊書きあげるには、1000時間くらいかかるから、時給換算で300円である。

大学から給料をもらっているのだから、まあいいかと思う一方で、もう少し実りある仕事があるのではないか、という思いが頭をもたげた。そして21世紀に入って、時給マイナス300円というケースを耳にするに及んで、完全にやる気がなくなった。

時給マイナス300円？　知り合いの中堅教授が、1000時間かけて書いた原稿を出版社に持ち込んだところ、200部の買い取りと、100万円の経費負担を求められたというのである。

カメラ・レディー原稿、すなわち写真に撮れば、そのまま印刷に回すことができる原稿を用意させられたうえに、100万円も取られてもなお出してもらいたいという本も、たまにはあるかもしれない。たとえば、20年かけて完成させたライフワークであれば、お金を出しても出版する価値がある。しかし学生が買ってくれない教科書を書くのは、完全なる徒労である。

「出版危機」という言葉を耳にするようになって既に久しいが、理工系分野では、一般書より10年以上早く危機が訪れていたのである。この結果、ヒラノ教授の専門分野では、時間をかけて本格的な教科書を作る作業は難しくなった。

もちろん出版社も著者も、この危機を座視していたわけではない。コピー機の標準規格から外れた本、例えばA4とB4の中間サイズの本や、コピーに写りにくいインクを使った本、同じページの中に濃い部分と薄い部分が混在する本などなど、様々な工夫が行われたが、これらの試みは成功したとは言えない。

なぜならコピー機が読み取りにくい本は、人間にとっても読みにくいし、コピー機はどんどん頭がよくなって、読み取りにくい本でも読んでしまうようになったからである。成功したと言えるのは、本文中に記された内容をプログラム化したソフトを、おまけとしてタダで配布する方式くらいである。

という次第で、不法コピー問題を考えるたびにヒラノ教授は、

(a)　研究者として他人の論文や書物から無料でコピーする便益（年間6万円）

(b)　著者として不法コピーされる損害（1冊につき最低100万円）

の2つを秤《はかり》にかけて、股裂《またさ》きにあっているのである。

不法コピー退治作戦

大学において、今なお不法コピーが公然と行われているのは、〝公共の利益から見て、大学に著作権法の縛りをかけるのは、必ずしも望ましいことではない〟と考える人が多いからである（本を書かない大学人は、全員こう考えている）。

一方営利企業であれば、利益の一部を還元するのが筋だ。ここに登場したのが、アメリカのCCC（Copyright Clearance Center）なる組織に倣《なら》って設立された、「日本複写権センター」（現・日本複製権センター）である。

これは出版社、著作権協議会、学会、日本脚本家連盟などの著作権団体の依頼を受けて、コピー枚数に対応する著作権使用料を企業から一括徴収し、これを各著作権団体に配分することを目的とする公益法人である。

１９９１年に設立されたこの団体には、経団連傘下《さんか》の礼節ある企業から、年間３億円のお金が預託されていた。経団連傘下の全企業のコピー総枚数は、年間14億枚に上るということだから、１枚当たり２円という算定基準を当てはめると、28億円になる。

預託金３億円はその10分の１に過ぎないが、日本も著作権保護を強化する方向に動いているから、年々預託金は増加し、いずれ10億円に達するはずだ――。ヒラノ教授がこの団体の依頼に応じて、預託金の配分方法を決める作業に携わった１９９３年当時、関係者はこう信じていた。

この翌年、ヒラノ教授が提案した方式に基づく預託金分配が実施され、ヒラノ教授のベース・キャンプである「日本オペレーションズ・リサーチ学会」にも、十数万円のお金が振り込まれた。預託金が10億円になれば、振込額は50万円に達する。長期不採算組織にとって、50万円は大金である。

では18年後の現在、どうなっているのか。複製権センターのホームページを調べたところ、２０１０年度の預託金は２億円を切っている。その最大の理由は、20年にわたる日本経済の停滞だろう。貧すれば、礼節は隅に追いやられる。知的財産権に対する認識が低い日本で、著作権で収益を上げることは難しいのではないか。こう考えた「日本OR学会」は、21世紀に入って間もなく、すべての著作物を、出版2年後にホームページ上で無料公開することを決定した。

どうせ10万円にしかならないのであれば、無料公開して、多くの人に利用してもらった方が社会のためになる、と判断したのである（この判断が正しかったかどうかは、よく分からない）。

では、知的財産権先進国のアメリカはどうか。80年代当時は1・25ドルだった「INFORMS」のコピー料は、数年後に2・5ドルに変更された。今や10ドルに値上げされていると思いきや、この規定はどこにも見当たらない。アメリカでも、すべての論文を無料でコピーできるようになったのである。

その一方で「INFORMS」は、電子化されたすべての論文を、学会のウェブサイトにアップロードし、論文1編あたり30ドルを支払えばダウンロードできるシステムを構築した。

学会員になって雑誌を購読すれば、1誌あたり年間100ドル程度のお金で、約200編の論文を読むことができる。ところが、その中で読みたいと思う論文は2～3

編にすぎない。残りの論文については、ウェブ上でアブストラクト（概要）をタダで読むことができるから、場所ふさぎになる雑誌を手元に置くより、30ドルでダウンロードした方がいいと思う人もいるわけだ。

「ＩＮＦＯＲＭＳ」が、このシステムでどれだけの収入を得ているかは不明である。しかし、非営利団体である学会がこれだけのことをやっているくらいだから、営利の学術出版社はもっと徹底している。

究極の丸儲《まるもう》けビジネス

そこで、学術出版業界のモンスター、シュプリンガー社が開発した〝丸儲けシステム〟を紹介しよう。シュプリンガー社は、ドイツから始まり、世界各地で２０００以上の学術誌、年間６５００の新刊を手がける出版グループである。

〝Publish or Perish〟（論文を書かない者は退場せよ）というカルチャーのもとで、研究者は日夜論文生産に励み、出来上がった論文をジャーナルのホームページに電子投稿する。すると編集長が担当編集委員を選定し、論文の審査業務を委託する。編集長は出版社から報酬をもらっているかもしれないが、編集委員は無料奉仕である。

編集委員は2人の審査員（レフェリー）を選んで、メールで審査を依頼する。審査を頼まれた人は、（無料奉仕の）依頼を拒否することができる。しかし、自分の論文も審査してもらうことがあるから、2回に1回くらいは引き受けざるを得ない。

たとえばヒラノ教授は、ピーク時には年に6編の論文を投稿し、2ダース以上の論文の審査を依頼し、また年1ダース以上の論文の審査を頼まれた。

審査が終わると、レフェリーはウェブ上に審査報告を載せる。それをもとに編集委員が判断を下し、それを編集長に伝える。編集長は著者に審査結果を伝え、合格したものについては、ネット経由で事務局に送付する。このあと、出版社が印刷の準備を行うのであるが、その作業は途上国（たとえばインド）の安い労働力を使って行われる。

世界中の研究者から、論文がどんどん送られてくる。そこで、どんどん新しいジャーナルを発行する。商業論文誌の値段は学会論文誌の何倍もするから、買ってくれるのは図書館くらいである。

ところがこのビジネスモデルを使えば、ひとたび初期投資を回収した後は、わずかなランニング・コストで、巨大な利益を手にすることができる。

その上最近は、ネット上のみで出版する、コスト・ゼロの電子ジャーナルが続々創刊されているから、ますます儲かるはずである。

シュプリンガー社の丸儲けビジネスに無料奉仕しているヒラノ教授は、頭のいいやつはいるものだ、とため息をつくのである。

ではどのくらい儲かっているのか、ざっと推計してみよう。ウェブからダウンロードする際の料金は、1編あたり30ユーロ（約4000円）である。ホームページ上には、ダウンロードされた回数が論文ごとに記載されているが、多いものは年に15回、平均的には5回程度である。

1つのジャーナルごとに、年100編の論文が掲載されるとすれば、5×100×4000円で2000万円、10年分の累積《るいせき》収入を考えると、1誌あたり年に2000万円である。シュプリンガー社は現在2000に近いジャーナルを発行しているから、全部で400億円に達する。"Publish or Perish" カルチャーが生き続ければ、いずれ500億円を超えるだろう。

というわけで、ヒラノ教授は、丸儲け出版社の株を買おうと思っているが、果たしてタダ働きの報酬を取り戻すことは出来るだろうか。

学術論文の世界では、不法コピーなるものはこの世から消えたわけだが、紙媒体の書籍の不法コピーは、依然として大手を振って行われている。このため、（日本の）

理工系教科書の品質は著しく下がった（ような気がする）。

ヒラノ教授は、かつて5年がかりで『非線形計画法』という教科書を書いた。しかし、いまやそれだけ気長に待ってくれる出版社は姿を消した。拙速で書いた本は、改訂を施す間もなく絶版になる。

ところが羨《うらや》ましいことに、アメリカでは依然として、じっくり時間をかけた本格的教科書が出版されている。いい教科書は何度も改訂され、どんどん良くなる。だからますます売れる。

たとえば、スタンフォード大学のデービッド・ルーエンバーガー教授は、7年がかりで金融工学の決定版教科書を書いているし、コロンビア大学のペリー・メーリング教授も、7年の歳月をかけて、フィッシャー・ブラックの評伝を書いている。

電子出版の時代がやってきたので、これからは7年かけても、そのコストを回収することが可能になった。実際友人のMIT教授は、このシステムのおかげで大金持ちになったということだ。しかし古希を過ぎたヒラノ元教授は、「It's too late, it's too late」と呟《つぶや》くばかりである。

7　大学という超格差社会

学部一流・大学院二流の日本

ヒラノ教授が大学生だった頃、工学部の授業は小学校並みに朝8時から始まった。午前中に100分講義が2コマ、午後1時からもう1コマの講義があって、3時以降はほぼ毎日、6時近くまで演習や実験があった。講義はともかく、演習・実験は出席しなければ単位が取れない。

キャンパスには、「安保反対！　岸を倒せ！」のシュプレヒコールが溢《あふ》れていた。しかし、「日本の将来を担《にな》う君たちは、デモに行くくらいなら勉強しなさい」という〝反動〟教授の言葉に従って、理工系学生は勉強に励み、脳みそはパンパンに膨らんだ。

しばらく前に、1960年代初めの東大工学部を舞台とする『スプートニクの落とし子たち』（毎日新聞社、2010）という本を出した時、「安保騒動やデモに関する記述がないのは解《げ》せない」というコメントを頂戴《ちょうだい》したが、理工系学生には、デモに行っているヒマはなかったのである。

「時間に遅れるな」が合言葉の工学部では、講義は時間通りに始まって、時間通りに終わった。当時の講義の水準は、アメリカの大学よりかなり上だった。

ところが大学院に入ると、状況は一変した。たとえば、品質管理界の法王・朝香鐵一教授は、1回目の授業のときに、「この講義の内容は学部と同じなので、大学院生は講義に出てこないようにしてください（単位はタダで上げます）」と宣言した。この結果、ヒラノ青年は何も勉強せずに2単位を手に入れた。

また制御理論の大家・南雲仁一《なぐもじんいち》教授は、教科書をめくりながら、「このページには大したことは書いてありませんので、次のページに行きましょう。ここは重要なので、後でよく読んでおきなさい……」

1回で70ページくらい進むから、350ページの本は5～6回で読み終わる。あとは簡単な課題を出し、レポートを提出した学生は全員優をもらった。

建築学科のドン・丹下健三《たんげけんぞう》教授も、1回目に自分が書いた本を配った後は、全く講義をせずに単位を出すという噂《うわさ》だった（学生の間では、これは不評だったということだ)。

では、数理工学の泰斗・森口繁一《しげいち》教授はどうだったかと言えば、10人余りの教授が共同実施している輪講――修士の学生が順番に英文専門誌に掲載された論文について発表する授業――に顔を出し、コメントを加えるだけだった。

このようなわけだから、2年間の大学院生活でヒラノ青年が履修した〝まともな〟講義は、応用化学科で開講されていた「特許法」だけだった。この科目を担当した三《みつ》菱《びし》化成のエンジニアは、「私ごときがこの講義をやっているのは、法学部には特許法の専門家がいないからです」とぼやいていたが、法学者は長い間特許法(ごとき)は学問の対象にならないと考えていたのだ。

レベルが高い学部教育に比べて、大学院教育が手抜きだったのは、文部省が大学院を学部のつけたし的存在とみなして、予算・施設・人員をほとんど配分しなかったからである。

学部二流・大学院一流のアメリカ

修士課程を出て民間の研究機関に入ったヒラノ青年は、高度経済成長の波に乗って、アメリカの名門・スタンフォード大学に留学した。そしてアメリカの大学院教育が、日本とは全く別物であることを知って、強い衝撃を受けた。

学部教育は日本の方が上だったが、大学院に入った学生は体系的なコースワーク、すなわち講義プラス大量の宿題でみっちりしごかれる。MITやハーバードに留学した先輩からお話を承っていたが、聞くとやるとは大違いだった。

標準的な学生は、1学期に5科目を履修することになっていて、それ以上を履修する場合は、助言教官の承認が必要だった。各科目は週に3回（各50分）の講義の外に、9時間分の宿題が出る。5科目履修すると、毎週45時間の宿題に取り組まなくてはならない。

ヒラノ青年は、助言教官の忠告を無視して7科目の履修を企てたが、途中で2科目から撤退を余儀なくされた。毎日午前3時まで勉強しても、宿題に追い付けなくなったからである。

1日14時間の勉強に取り組んだヒラノ青年は、オペレーションズ・リサーチという分野に関する体系的知識を獲得するために、最初の2年間にほぼ1万時間を投入した。日本では評判が悪い、詰め込み教育そのものである。

ある教育評論家は、日本の（文系）大学の学生は、アメリカやイギリスの名門大学と比べると、〝パートタイム学生〟にすぎないと言っていたが、勉強の密度が違うことは事実である。

教授たちも、大学院教育に生命をかけていた。他学科の若手助教授が講義を聞きにくるし、分かりにくい授業をやると学生の不評を買うから、十分な準備が必要である。また学期末には、学生の授業評価を受け、これが勤務評定に影響を与えるから、手抜きはできない。

最近日本でも取り入れられるようになった、学生による授業評価は、アメリカでは50年前（あるいはもっと前）から行われていたのである。

ヒラノ青年は、2年間で約800回の授業を受けたが、休講はたったの1回だけだった。1時間につき1万円近い授業料を取っているのだから、休講すると学生から苦情が出る。ある教授が急病で入院した時は、別の教授が代講した。これが出来るのは、カリキュラムが体系化されていて、科目ごとに標準的教科書が用意されているからである。

3年間の留学を終えて日本に戻ったヒラノ青年は、その後ウィスコンシン大学で1年、パデュー大学で半年を過ごしたが、大学院の教育システムはどの大学も同じだった。

日米大学院格差にショックを受けたヒラノ青年は、筑波大学に奉職してから、講義1回あたり2時間分の宿題を出すことにした。しかしティーチング・アシスタントがいないので、自分で採点しなくてはならない。

その後、ある有力教授が「(アメリカのように)大学院生を宿題で縛ると、独創性を奪うことになる」と言っているのを耳にして、「アメリカ製の博士(つまりヒラノ助教授)には独創性がない」と言われたような気がして、宿題で学生をしごくのはやめにした。

結局ヒラノ助教授がアメリカから輸入したのは、休講を慎むことだけだった。以後37年間、ヒラノ教授はたとえ38度の熱があっても講義だけはやった。休講は学会に出席するときだけである。

スタンフォード大学教授には負けるが、こと講義に関しては、成績優良上位5%に入るのではないだろうか(工学部教授は勤勉で丈夫だから、休講ゼロという人も何人かはいるはずだ)。

中央大学に移ったあとは、東工大時代に比べて教育負担は3倍になった。その一方で、雑務がゼロになったので、かつては外国語担当教授の3倍以上働いていたモーレツ教授は、2倍しか働かないフツーの教授になった。そして65歳を過ぎてからは、徐々に研究活動をスローダウンさせ、東工大の文系組織である人文・社会群時代のオアシス生活に戻った。

モーレツ教授変じてビューティフル教授となったヒラノ教授だが、講義には手を抜かなかった。それどころか、教育熱心は年々度を加え、休講回数は漸減していった。そして最後の年は、かつて一度も達成できなかった、休講ゼロを目指したのである。

休講はダメよ

いつの頃からか、国民の休日が日曜に重なると月曜を休日にする、「振替え休日」というコマッタ制度が導入された。また十数年前には、政治家たちが選挙区入りを容易にするために、成人の日や敬老の日を月曜日に移動させた結果、3連休が急増した。月曜の講義はボロボロである。そこで大学は、講義回数を均等化するため、月曜の講義を別の日に移動させた。

講義日を間違えるボケ教授と、ネボケ学生が同時多発したのは措《お》くとして、多くの非常勤講師に依存している大学という組織にとって、これはとても不都合なシステムだった。なぜなら（文学部と違って）工学部の場合、非常勤講師のほとんどは、どこかの大学・企業に勤めているから、「今週は月曜が水曜になりました」と言われても、対応するのは困難だからである。

そこで中央大学では2009年以降、休日であっても月曜日には授業を実施することになった。アメリカの大学は、50年も前から国民の休日を無視して授業をやっていたが、これは当然の措置である。

一方、すべてに先進的なはずの東工大では、依然として国民の休日をすべてお休みにして、月曜の授業を別の日に移しているが、いずれ中大方式に変更することになるだろう。

残念なことに、ヒラノ教授の〝休講ゼロ〟は達成されずに終わったが、それは敬老の日が月曜に重なったのが原因である。

「来週の月曜は敬老の日ですが、1ヶ月前に古希を迎えた老人が、敬老の日に講義をやるのはオークワードですね」。これに続けて、「でもその日も講義をやりますからね」と言おうとしたところ、教室から「そうだ。そうだ。来週は休講だ」という歓声とともに、拍手が沸き起こった。かくしてヒラノ教授は、不本意ながら休講を宣言することになったのである。

ところが敬老の日の昼、教務課から研究室に電話がかかってきた。

「先ほど学生さんが、ヒラノ先生の講義は休講になったのかと聞きに見えましたが、どうなさったのでしょうか」

「先週の講義のときに、学生諸君に今週は休講だと伝えたはずですが」

「休講されるときには、教務課にもご連絡下さい。掲示が出ていないのに休講になると、苦情を言う学生が増えていますので、よろしくお願い致します」

それまでは、学会出席のためやむを得ず休講するときには、必ず休講届けを出していたが、届けを出すと学期末に補講をやらなくてはならない。折角学生諸君の拍手に応《こた》えて休講にしたのに、補講をやるのはオークワードである。

結局補講はやらずにゴマ化したが、日本の学生も休講という授業料ドロボーに、センシティブになってきたのである。

なおある私立大学では、〝講義日の学会出席は慎むこと〟という通達が出たということである。研究競争でしのぎを削っている工学部教授にとっては厳しい条件だが、学会参加を理由に、大手を振って休講する時代は去ったということだ。

ワーキング・プア

筑波大学ヒラノ助教授は、ウィーンとアメリカに出張していた期間を除く6年半、陸の孤島に住みついて、教育・雑務マシーン生活を送った。しかし、これはヒラノ助教授だけでない。草創期の筑波大学工学部の教授は、ほぼ全員教育・雑務マシーンだったのである。

ところが、1982年に東京工業大学工学部に移籍したヒラノ教授は、工学部教授でありながら、エンジニアの半分も働かない、文系・一般教育担当教授たちとお付き合いすることになった。

彼らは、学園紛争で工学部長から呼び出されない限り、週に3日しか大学に出てこない。人文・社会系の教官の任務は90分講義が週3コマ、外国語教官の場合は週に5コマ程度である。これに要する時間は、講義の準備と後処理（試験の採点など）を含めても、年間高々600時間に過ぎない。

当時の文部省は、一般教育担当教官の任務は教育であって、研究はやらなくてもいいと考えていた。その証拠に一般教育担当教官に支給される研究費は、一人当たり30万円程度にすぎなかった。これで研究がやれるとは、誰も思わないだろう。

最初の2年間、文部省の方針にしたがって、ヒラノ教授は教育以外には何もやらなかった。当時の年俸は700万円くらいだったから、これを600時間で割ると時給はざっと1万2000円、90分講義1コマあたり1万8000円である（いい商売でした）。

ところが3年目以降、ヒラノ教授の時間当たりの給料は急降下し、90年代に入るころには3000円に下がってしまった。給料は増えたが、研究・教育・雑務・社会的貢献活動をあわせて、年3000時間以上働くようになったからである。90分の講義1コマあたりの報酬は、約5000円である。

「工学部の教え7ヶ条」にしたがってゴリゴリ働くエンジニアと違って、文系教官は千差万別だった。講義をきちんとやって、余った時間で年間3000枚の文章を書く文学担当教授や、毎日大学に出てきて、エンジニア並みに研究・教育に精を出す哲学教授がいる一方で、体調が良くないという理由で、3回に1回休講する人や、頻繁に海外出張して半分以上休講する教授もいた。

また最近では、長期間海外に出かけて、インターネットで授業をやっている（と称する）教授もいるということだが、多くの大学院生を抱える工学部教授には絶対に出来ない離れ業である。

さてここで、日本の大学が抱える〝犯罪的〟「非常勤講師制度」について述べよう。『工学部ヒラノ教授』の中には、〝一般教育担当教官は、専門教育担当・一級教官に比べて二級市民だ〟という記述があるが、非常勤講師は工学部では一・五級市民、文学部では三級市民である。

工学部における非常勤講師とは、常勤スタッフがカバーできない分野に関する講義を行う専門家のことを指す。これらの人は、大学または（一流）企業に勤めるエンジニアで、原則として博士号を持つ人に限られる。つまり研究者として専任スタッフに準ずる業績を持つ人が、義理（もしくは見栄《みえ》）で引受けるアルバイト・ポジションである。

37年に及ぶ工学部暮らしの間に、ヒラノ教授は7つの大学（国立が5校と私立が2校）で、合計12年にわたって非常勤講師を務めた。80年代初めに東大工学部で講義していた時の報酬は、1コマにつき3000円ないし4000円だった。この数字は、筑波大学で年3000時間働くヒラノ助教授の時給とほぼ同じである。

茨城県新治《にいはり》郡桜村に住むヒラノ助教授は、朝8時に自宅を出て、10時過ぎに東大の本郷キャンパスに到着し、10時半から昼過ぎまで90分間講義をやって、桜村に戻るのは3時過ぎだった。交通費は実費を支払ってくれたが、移動時間を含めると時給60

0円である。

このような割に合わないアルバイトを引き受けた理由は、「工学部の教え7ヶ条」にある通り、エンジニアは〝仲間から頼まれたことは（特別な理由がない限り）断らないこと〟を旨《むね》とする生き物だからである。またいずれこちらから頼むこともありうるから、断らない方がいいのである。

東工大に移籍してからも、九州大学、三重大学、早稲田《わせだ》大学、南山大学などで非常勤講師を務めた。しかし、九州大学や三重大学に毎週講義しに行くわけにはいかない。こういう時に用意されているのが、「集中講義」という方式である。

たとえば九州大学では、月曜の朝から金曜の夕方まで5日間、1日4コマずつ合計20コマ（30時間）の講義を行った。1年分だと、規定上は30コマ（45時間）やらなくてはならないが、（数年前までは）どの大学も26コマでごまかしていたから、20コマというのはまずまず良心的な数字である。第一30コマとなると、月曜から土曜まで9時から7時まで話し続けなくてはならない。しかし、こんなにやったらアラ還教授は心不全を起こすし、学生は脳不全を起こす。

では前期末に15コマ、後期末に15コマやればいいかと言えば、2回分の旅費を出す予算がないと言う。つまり、年間30コマ分の講義を1週間で済ませるというシステムは、はじめから破綻《はたん》しているのである。ヒラノ教授はこの制度の欠陥に付け込んで、37年間で50万円ほどの給料ドロボーを働いた。

以上が工学部における非常勤講師の実態である。一方、文学部では定職がない人が非常勤講師を務めるケースが多い。いまや理工系でも、博士課程を出ても仕事がないオーバードクターが溢れているが、文系博士の就職状況はもっとひどい。

大学の正規ポストにありつけない文系博士は、知り合いの教授に頼みこんで非常勤講師ポストを斡旋《あっせん》してもらい、いずれ常勤職に拾い上げてもらうことを目指すのであるが、時給4000円とすれば、月曜から金曜まで（あちこちの大学を掛け持ちして）毎日4コマ（6時間）ずつ教えても、週に10万円にしかならない。

非常勤講師はアルバイト職員だから、ボーナスは出ないし昇給もない。大学というところは、年に30週しか授業をやらないから、目いっぱい働いても年収は300万円、実際には200万にも届かない人が多いという。

週7コマの講義を担当した経験を持つヒラノ教授は断言する。〝毎日4コマもの講義をやったら、毎日ステーキとウナギで栄養補給しても、5年で燃え尽きてしまう〟と。

非常勤講師の時給が4000円であるのに対して、専任教授に支払われている給与を週5コマで割ると、時給2万3000円になる。同じ仕事に対して6倍もの給与格差を容認するのは、〝犯罪〟と言うべき行為である。

一般企業でも、正社員と臨時（派遣）社員の待遇格差が問題になっているが、同じ仕事に対して6倍の格差がある職場は、大学だけではなかろうか。

せめて非常勤講師が、ワーキング・プアから抜け出せる水準、たとえば90分講義1コマあたり1万円くらいにまで報酬を引き上げてほしいものである。

国家財政が厳しい状況の中で、給与を増やすことはできないと仰《おっしゃ》る文学部教授には、総支出を増やさずに非常勤講師の待遇を改善する方法がある、とお答えしよう。答えは一つしかないので、賢明なる読者には説明する必要はないだろう。

8 セクハラとアカハラ

オトコ社会のセクハラ

昨今ジャーナリズムを賑《にぎ》わしているキャンパス四大犯罪は、1が研究費の不正使用、2がセクハラ、3がアカハラ、4が論文の盗作・捏造《ねつぞう》である。

1と4については、章を改めて紹介することにして、ここではセクハラとアカハラについて書くことにしよう。

2008年に発行された『広辞苑《こうじえん》第6版』で、〝セクハラ〟という言葉を引くと、〝セクシャル－ハラスメントの略で、職場や学校などで、相手の意に反して、とくに女性を不快・苦痛な状態に追いこみ、人間の尊厳を奪う、性的なことばや行為〟と記されている。

ヒラノ教授が学生だった頃、工学部でセクハラが問題になることはほとんどなかった。なぜなら、工学部は完全なオトコ社会だったからである。

実際、1961年にヒラノ青年とともに、東大工学部に進学した400人の学生の中に、女性は1人もいなかったし、その10年後、電気工学科に第1号女子学生が誕生した時には、学科全体で大騒ぎになったということだ。

一方東工大でも、様々なキャンペーンにも拘《かかわ》らず、80年代に入っても、女子学生の比率が6%を超えることはなかった。この時代、娘が工学部に行きたいと言ったら、父親の多くは「やめておけ」と言ったはずだ。

特に、体力が必要とされる土木・機械・電気関連学科では、定員40人の中で女子学生は高々1人に過ぎなかった。80年代までは、西部開拓時代のカリフォルニア以上に、工学部における女子学生は希少な存在だったのである。男子学生が厳重に警護している宝物に、桃色教授がセクハラを働くことは出来ない。

いまや女子学生比率は、念願だった10%の大台を超え、「ミス東工大コンテスト」には、近隣から数百人の観客が訪れるということだが、東工大でセクハラが問題になり始めたのは、女子学生が急増した80年代末である。

文部省の優等生として知られるこの大学は、政府の意向を汲《く》んで、率先して留学生を受け入れた。アジア諸国、特に中国では、日本に比べてエンジニア志望の女子学生の比率が高い。この結果、多くの女子学生がキャンパスを賑わすようになったのである。

一般的に言って、留学生に対する研究指導には、日本人学生の2倍以上の手間がかかる。研究室という密室で、1対1の熱烈指導を行っているうちについ、ということは貞操堅固な教授といえども、絶対にありえない話ではない。

大学で孤立しがちな留学生は、セクハラに逢《あ》っても被害届を出さずに泣き寝入りしていたが、ある学生が大使館に訴え出た。国際問題になると、大学当局としても放置しておくことはできない。急きょ設置された調査委員会が、留学生にヒヤリングを行った結果、様々な事件が炙《あぶ》り出された。

この種の事件は立証が難しいので、処分に至るケースは少ないが、ここ数年は日本全体で毎年10人近い大学教授が懲戒処分になっている。

ヒラノ教授が問題の深刻さを知ったのは、90年代半ばに中国人留学生をめぐって、教務部長（今でいえば教務担当副学長）との間で、次のようなやり取りがあったときである。

「文部省から留学生の受け入れ要請がありましたので、先生のところで預かって頂けないでしょうか」

「研究室に空きスペースがありませんので、急に言われても難しいのですが……」

「それは良く分かっていますが、この人は中国大使のお嬢様なので、絶対に問題を起こさない先生でなければ、お任せするわけにはいかないのです」

「問題を起こさない先生なら、いくらでもおられるはずですが」

「ところがそうでもないんですね。この間も、まさかあの人がという人が問題を起こしたので、学長も神経質になっておられるのです」

〝絶対に問題を起こさない人〟という殺し文句で、ヒラノ教授は退路を断たれた。秘書のミセスKにこの話をしたところ、「そうかしら？」と疑問を呈したが、夫が慎重居士《こじ》（臆病《おくびょう》）であることを知っている妻は、「100％ありえないわね」と太鼓判を押してくれた。

筋金入りの大使令嬢は、優秀で凛《りん》とした女性だった。この人が相手であれば、少々アブナイ教授でも、セクハラを働く気にならないだろう。

ヒラノ教授は、研究・教育・雑務に精勤していたヒラ教授時代には、このような事件の詳細を知る機会は少なかった。しかし研究科長（かつての学部長）という管理職に就いてからは、しばしば事務官からコマッタ話を聞かされた。

研究生の身の上相談に乗った教授が、慰めようとして思わず肩を抱いたところ、唇を求められたのであわてて突き放して、セクハラだとして訴えられた話。コンパの席で女子学生に「お酌してくれないか」と発言して、訴えられかけた助教授。深夜の研究室で研究指導のあと、〝合意の上で〟致してしまった（と弁解する）妻子持ちの助教授が、妻にばれそうになったので別れようとしたところ、強姦《ごうかん》されたと訴えられた事件、などなど。

これらは、どの大学にでもありそうな事件だが、ヒラノ教授が研究科長を務めていた1997年4月に、東工大全体を震撼《しんかん》させる事件が起こった。

「47歳の東工大助教授　通勤電車の車内で婦人警官に痴漢行為」。この新聞記事が出た時、44人もの東工大助教授が、「俺じゃない」と叫んだということだ。東工大には約400人の助教授がいるが、47歳と言っても、大勢いるから誰なのかはっきりしない。新聞記事だから、数字の間違いもあるかもしれない。

そこで、前後1歳分の余裕を持ってリストアップしたところ、該当者が45人もいたというのである。翌朝の講義で、「私が今ここにいるのは、犯人ではないということの証明です」と胸を張った助教授がいたので候補者は1人減って44人。

部局長を集めた学長は、「警察沙汰《ざた》になった以上は、大学として打てる手はありません」と仰《おっしゃ》ったが、犯人が所属する研究科の科長が、身元引き受けに警察まで出向いたということである。

後で紹介する〝中大教授刺殺事件〟の時もそうだが、この種の事件への対応は（元《げん》帥《すい》である）学長ではなく、（大将格の）研究科長の仕事なのである。

なおこの助教授は常習犯だったため、かねて警察にマークされていたということだが、どのような刑事処分を受けたかは知らない。しかし、新聞に名前が出たら、大学でのキャリアは一巻の終わりである。働き盛りのこの助教授は間もなく大学を去ったが、すでに還暦を迎えたはずだ。あれからあとの15年、この人はどのような人生を送ったのだろうか。

アカハラその1・教授vs助教授

10%を超えたとはいうものの、依然として女子学生比率が小さい東工大でのセクハラ件数は、文系大学に比べて相対的に少ないはずだ。しかしもう一方のアカハラは、昔々からの大問題である。

「2ちゃんねる」によれば、東工大の大学院生は、5人に1人がアカハラを体験しているということだが、誇張部分を差し引いても、かなりの学生が被害にあっているということである。

アカハラとは、「アカデミック・ハラスメント」の略語で、『広辞苑』にはまだ採録されていない、歴史の浅い言葉である。そこで、（少々信頼度に欠ける）「ウィキペディア」を参照すると、〝大学などの学内で、教授や教職員がその権力を濫用《らんよう》して学生や配下の教員に対して行う、数々の嫌がらせ行為〟と説明されている。

そこでまず、工学部に進学して間もない1960年代初めに、ヒラノ青年が至近距離から見たアカハラ事件を紹介しよう。

学生の目から見た30代半ばのO助教授は、背が高く美男で、その上人柄がよく（当然）頭もいい素敵な人だった。ところが先輩たちの噂《うわさ》では、この人は同じ講座のK教授とうまくいっていない、ということだった。

K教授は、一つの時代を築いた大学者であるが、〝頑固一徹の〟近寄りがたい人物で、学生たちはその権威にひれ伏して暮らしていた。教授が2人しかいない、応用物理学科・数理工学コースで4年も暮らしたというのに、ヒラノ青年がこの人と口をきいたのは、ただの1回だけである。

O助教授がK教授の不興を買ったのは、1に教授の意に染まない研究に手を出したこと、2に教授が大嫌いなアメリカ（K教授は、出身学科である東大の航空学科を廃止したアメリカを嫌っていた）に留学したこと、3に1年の留学期間を延長して、学科に迷惑をかけたことである。

激怒したK教授は、留学から戻ったO助教授を、学科本体の建物から離れた別棟に島流しにした。読者は、3分や5分離れていてもどうということはないだろう、と思われるかもしれない。しかし、沢山の仕事を抱える工学部助教授にとって、学科事務室や実験室から離れたところで暮らすのは、とても不便なことなのである。助教授1人を収容するくらいのスペースはいくらでもあるのだから、これは意図的なイヤガラセである。

この程度では、アカハラとは呼べないかもしれない。しかし問題はその後である。この助教授は教授が退職した後も、（教授ポストが空いているにも拘らず）50代半ばまで、助教授のまま据え置かれたのである（これは、どこかに転出せよというメッセージである）。

講座制の大学では、助教授の大半は、教授が定年退職したあと数年以内に教授に昇進する。したがって、50代半ばを過ぎても助教授（いわゆる万年助教授）という人は珍しい。教授ポストが塞《ふさ》がっているならともかく、空きがあるのに定年数年前まで助教授というのは、明らかな見せしめ人事である。学科に迷惑をかけたといっても、東大のN副学長のような犯罪行為を働いたわけではない。

O助教授に親近感を抱いていたヒラノ教授は、停年直前に教授に昇進したO教授が退職後に名誉教授に推挙されなかったことを知って、深く同情した。

当時の東大では、教授は1年につき1点、助教授は1年につき0・5点、講師は0・25点と計算して、合計で15点以上あれば、名誉教授に推薦されるのが慣例になっていた。

ところがO教授は、この基準を満たしていたにも拘らず、学科の推薦を得られなかった。大学というコミュニティでは、〝定年退職した人は〝死んだ〟人である。O教授は大憤慨したが、〝死人〟が現世に口出しすることはできない。かくしてO教授は〝元教授〟のまま、無念のうちにこの世を去ったのである。

アカハラその2・教授vs学生

この事件で心を痛めたヒラノ青年は、以後アカハラに逢わないよう、細心の注意を怠らなかった。本人の発言や周囲の評判を聞けば、教授がどういう人か大よそのことは分かるのだから、自分と相性の悪い教授を指導教官に選んだら、その責任は学生にもある。

アメリカに留学した時、教授とうまくいかずに苦労している人は何人もいたが、学部だけで卒業する人はともかく、研究者として生きようとする人は、誰を指導教官に選ぶかで、その後の一生が決まることが多いので、特に用心する必要がある。

大学に勤めるようになってから、ヒラノ教授は〝絶対に〟アカハラを起こさない教授を目指してきた。できの悪い学生を怒鳴りつけたりすると後味が悪いし、すべての暴力がそうであるように、1回やると癖になるからである。

アカハラは、ここ数年で急増したと言われているが、〝古典的な〟アカハラについては、大学側も様々な手を打っている。たとえば中央大学では、セクハラ・アカハラ行為を防止するために設置された委員会が、各教員に対して18ページに及ぶパンフレットを配布して注意を喚起している。

そこに記されたアカハラ事例は、

(1)　地位を不当に利用するもの
(2)　学修・研究両面の遂行を妨げるもの
(3)　研究成果を不当に利用するもの

の3グループに分類されている。

地位を不当に利用したアカハラの例として挙げられている13の事例は、すべてどこかの大学で起こったものだということだが、ヒラノ教授が実際に見聞きしたのは、その半分程度である。

たとえば、筒井康隆《やすたか》の『文学部唯野《ただの》教授』にも出てくる、〃職務上知り得た学生・教員の個人情報を周囲に告げてまわる〃、〃正当な理由なく、就職に必要な推薦状を書くことを拒否する〃は一度も見たことが無い。

研究科長という管理職を経験したヒラノ教授が、37年間にわたって一度も見聞きしなかったのだから、立智大学文学部のように、これが日常茶飯事になっているということは、絶対にあり得ない。

また、〃研究成果の評価にもとづかず、採用・昇進・昇格について差別的な扱いをする〃ケースは、業績評価基準……レフェリーつきジャーナルに発表した論文数や、論文被引用回数など……がはっきりしている工学部では、文系学部に比べるとずっと少ない。

一方、〃教育・研究上必要のない用務や、私的な用務を行うよう強く要求する〃教授は、少数ながら、お目にかかったことがある。

〝研究内容について、他人との相談や接触を禁止すること〟と、〝正当な理由なく、休日・休暇中の研究室等への来室を強要すること〟がアカハラになると知って、ヒラノ教授は背筋がゾクッとした。

国際スタンダードで競争している工学部教授は、学生に対して「（公《おおやけ》の席で発表するまでは）あいつらに嗅《か》ぎつけられないように気をつけろよ」と指示したり、学会発表が迫っているときには、休日にも学生の来室を〝依頼〟するのは当たり前だからである。

これを禁止されたら、国際競争に勝つことはできない。さらに言えば、これらの行為は学生との（暗黙の）合意の下で行われるものであって、アカハラとして訴えられるようなものではない、とヒラノ教授は考えている。この件については、工学部の学生なら同意してくれるのではないだろうか。

最後にもう1つ。〝研究上の不十分な点に対して、適正な指導の程度を超えて大声で叱責《しっせき》したり、暴言を繰返すこと〟について言えば、ヘタなプレゼンテーションをした学生や、飲み込みの悪い学生に対する厳しい叱責は、東工大では日常茶飯事である。

根性がある学生は、このような言葉を励みにして絶壁を登っていくが、中には登攀《とうはん》途中で墜落してしまう学生もいる。また、このような〝東工大カルチャー〟の中で育った学生が、マイルドなカルチャーを持つ大学の教員になったあと、アカハラ事件を起こして苦労したケースもある。

このほか、ヒラノ教授が知る範囲で、アカハラとして問題になったケースとしては、ライバル教授の研究室に所属する学生に対しては、絶対にAを出さないG大のトンデモ教授。学生が提出した博士論文を、1年以上放置したS大の無責任教授。研究費がないという理由で、学生のアルバイト代を踏み倒した、T大の吝嗇《りんしょく》教授などが頭に浮かぶ。

また研究室のドアを内側からロックして、秘書と2人だけの密室を作り出すおかしな教授もいた。テロリストにでも狙《ねら》われていたのだろうか？

工学部にも、いろいろおかしな教授がいるものだが、非常勤講師の給料をピンハネする教授、エイズに感染している自分の血液を塗りつけたナイフで同僚を切りつける助教授、ライバル教授を陥《おとし》れるために、プロの女性を送り込む教授などがうごめく、（文学部唯野教授が勤務する）立智大学文学部に比べると、工学部教授のアカハラはレベルが低い。

アカハラその3・教授vs教授

最後にヒラノ教授が経験した、凄惨《せいさん》なアカハラ事件を紹介しよう。東工大に移って4年目の秋、東大出身のH教授から、S君の博士論文の審査を依頼された。ヒラノ教授より1つ年上のH教授は、環境問題の第一人者と称されるスター教授である。

審査を行うのは、5人のメンバーからなる審査委員会で、合否は全員一致がルールである。本審査に先立って行われるのが、下読み会という名の予備審査会で、ここで学生の発表に対して審査員が様々な質問を行う。審査員は論文を読んだ上で予備審査会に臨むのであるが、優秀な学生が一流の教授の下で3年の時間をかけた論文だから、簡単にケチをつけられるようなものではない。

したがってヒラノ教授は、自分の専門に関わる部分、具体的に言えば、統計分析や最適化手法に関わる部分をひと通りチェックして、特におかしなところがなければゴーサインを出すことにしていた。工学部では、自分の専門とは異なる分野の研究の場合、その本質的な部分については軽々に口出ししないのが、暗黙のルールになっているのである。

審査を依頼されたとき、ヒラノ教授は5人の審査員の中に、都市問題が専門のK教授の名前があることを知ってイヤな予感を覚えた。都市開発にあたって、環境問題にも気を配らなくてはならない時代を迎えて、東工大のエースを自任するK教授は、東大出身のH教授の環境問題に対するアプローチを、陰に陽に批判していたからである。H教授が、（厄介な）K教授に審査委員を依頼したのは、K教授が学科主任を務めていたためである。学科を代表して事務手続きを進める学科主任を外すと、不具合が生じること必定である。

11月初めに開かれた予備審査会は、修羅場だった。K教授がS君の論文の基本的アプローチに、ナンセンスとクレームをつけたのである。

博士号取得のためには、2編以上のレフェリー付論文を発表していることが条件となっているが、博士論文のもとになった2つの論文は、既に専門誌に掲載済みである。つまり論文の基本アプローチは、環境問題の専門家の間で公認されているということである。

慣例を踏み外したK教授の批判に、S君と3人の審査委員は凍りついた。学生にとって、大教授の批判は大きな痛手になる（16年を経た今も、S君はK教授を恨んでいるに違いない）。しかし学生以上にショックを受けたのは、専門家としての権威を覆《くつがえ》されたH教授である。

環境問題の第一人者として、K教授の批判に反論することはできたはずだが、ここで本格的に対決すると、S君の博士論文と就職が宙に浮くから、やり過ごす方が賢明だと判断したためか、H教授はK教授の批判に一言も反論しなかった。

しかし基本アプローチを否定されたとなると、部分的修正では済まない。ヒラノ教授はこのとき、S君の博士号取得は、少なくとも1年はお預けになるだろうと考えた。

2人の教授の間で、この後どのようなやり取りがあったかは知らない。しかしその後しばらくして、S君の論文は少々の修正を行っただけで合格と判定された。この程度の手直しでOKを出すくらいであれば、あのように激しいことを言わなくてもよさそうなものだが、数学科教授から甘いと批判される工学部教授の中にも、たまにはこういう人がいるのである。

最終審査会でOKが出たあと、H教授はヒラノ研究室に姿を現し、審査協力を感謝するとともに、自らの不手際《ふてぎわ》を詫《わ》びてくれた。ヒラノ教授がH教授と言葉を交わしたのは、これが最後である。

この数日後、伊豆《いず》高原のホテルで開催された研究集会に出席していたヒラノ教授は、「東工大教授焼身自殺」という新聞記事を目にして、血の気が失《う》せた。H教授がクリスマス・イブの夜に、自宅付近の公園で灯油をかぶって、自ら火をつけたというのである。

その1週間後、高校時代の仲間との新年会で顔を合わせた新聞記者のA氏は、「中年男の自殺は、女性問題に決まっている」と断言した。30年に及ぶ経験からすると、それ以外のケースはありえないというのである。これに対してヒラノ教授は、アカハラきっかけ説を曲げなかった。

A記者に軍配が上がったのは、その7年後である。H教授と親しかったN教授と同じ電車に乗り合わせたヒラノ教授は、夫人と愛人の板挟みになったH教授が、死を選ぶことによって愛人問題を清算したこと、そして夫の悲惨な死に責任を感じた教授夫人が、その数年後に自ら命を絶ったことを知ったのである。

しかしヒラノ教授は、今でもあの時の心労が、自殺の引き金になったのではないかと考えている。精神医学の専門家は、人間は1つの問題だけで自殺することはないと言っている。大きな問題に、もう1つの問題が重なった時が危ないのだ。

H教授は2人の女性の間で苦しんでいた。そこにK教授のアカハラが加わった。そしてS君の論文審査が終わったところで、緊張の糸が切れたのではないだろうか。

9　研究費の不正使用

接待費ゼロの取締役

若いころのヒラノ教授を悩ませたのは、海外からの友人や賓客、自ら主宰する研究会で講演を依頼した研究者の接待に要する費用である。企業から「奨学寄附金」をもらっていれば、〝研究情報を収集するため〟という名目で経費を支払うことができる。しかし、この種のお金は企業に役に立つ研究をやっている有力教授に集中する傾向があり、無力教授や企業の役に立ちそうもない基礎的・理論的研究をやっている人には回ってこない。

東電・福島第一原発事故のあと、東電や原子力関係団体から研究費をもらっていた東大教授・東工大教授がやり玉に挙がった。しかし3000万円ならともかく、たかが50万円や100万円の奨学寄附金で買収されることはあり得ない。その一方で、東電が原発反対派や、直接役に立たない基礎理論の研究者にお金を出さないことも確かである。

東工大時代のヒラノ教授が、奨学寄附金を頂戴《ちょうだい》した企業は、有力教授の仲間入りを果たした1989年以降の12年間で延べ10社、総額1800万円、1年平均で150万円程度である。

反対給付を求められたことがあるとすれば、〝いい学生さんがいたら紹介してください〟という程度の話である。見識がある企業は、たかが100万円程度のはした金で、東工大教授を買収しようなどとは考えないものである。

さて海外からの賓客は、自宅に招けば安上がりだが、4ベッドルーム・2バス・2シャワー・1エーカーの庭付き一戸建てに住む有力教授を、築25年・68平米の老朽公務員住宅にお招きするわけにはいかない。以前お世話になったことを考えれば、1回1万円、年に5〜6万円程度の出費は仕方がない。

ところが、5年にわたってアメリカの大学で暮らしたヒラノ教授には、大勢の知り合いがいた。友情に厚い彼らは、東京に来るたびに声をかけてくれる。しかも、しばしば夫人同伴でやってくる。このような場合は、家内を引っ張り出さざるを得ない。一流ホテルで4人が会食すれば、4万円以上かかる。

ヒラノ教授の職業上の出費は、これ以外にもいろいろある。自分が主査を務める研究会に有力研究者を講師に招けば、(講演料を支払わないのだから)夕食代くらいは負担しなくてはならない。

助教授・助手・事務職員(秘書)のほか、30人以上の学生が暮らす講座の主《あるじ》である工学部教授は、一般企業で言えば部長級、最低でも課長級のポジションである。部長となれば、日ごろ協力してもらっているスタッフを慰労しなくてはならない。

週6日間、鰻《うなぎ》の寝床のような研究室で起居を共にする学生たちは、連帯感を高めるためにしばしば〝飲み会〟を開催する。ヒラノ教授が学生だった1960年代、飲み会に教授を呼ぶことなど思いもよらなかった(そもそもこの時代、ヒラノ青年が所属した学科では、飲み会が開かれることは滅多になかった)。

40年前の工学部教授は雲上人であって、学生ごときが軽々に飲み屋にお招きできるような存在ではなかったのである。

ところがその後20年で、大学教授のインフレが進んだ。工学部の学生定員が3倍になったおかげで、教授の数も3倍になった。これだけでも、教授の権威は3分の1に下がる。その上60年代末の学園紛争によって、権威は更に3分の1に落ちた。かつて学生たちがひれ伏した工学部教授は、〝物分かりがいい小父《おじ》さん〟的存在になった。

飲み会に招かれた小父さんは、高額所得者の子弟が多い東大生と違って、庶民階級出身者が多い東工大生諸君の費用の半分を負担することにした。20人分の半分となれば、3500×20÷2＝35000、端数《はすう》を切り上げて4万円である。1回出せば、2回目も出さざるを得ない。年に4回とすれば16万円である。

〝研究情報を交換するため〟という書類を作って、領収書とともに提出すれば、この費用を奨学寄附金で落とすことができたのだが、そんな事とは知らないヒラノ教授は、1000万円以上のお金を使い残して、停年退職する際に、同僚教授や事務官諸氏に謹呈する羽目になってしまった。

個人的出費はこれ以外にもいろいろある。三食納豆ゴハンで暮らしていると称する、極貧学生に対する生活費補助や、自分が書いた教科書の5割引き販売。奨学寄附金で図書を買うことは認められているが、自著の場合はノーである。定価の10％に相当する印税が著者の懐《ふところ》に入るからだそうだが、このような有意義な行為が認められないのは残念なことである。

ヒラノ教授の場合、これらすべてを合計しても、1年あたりの出費は50万円程度に過ぎない。しかし、面倒見がいい教授の中には、学生のために1000万円を上廻るお金を、自分の懐から出している人もいる。

アルバイト謝金のピンハネ

出費が嵩《かさ》む教授の間で、昔々からコッソリ行われてきたのが、研究費の中から学生にアルバイト謝金を支払い、仕事をしてもらった分を除いたお金の一部を、〝合意の上で〟上納してもらうという手である。

工学部という組織には、実験がつきものである。教授・助教授は、年3500時間働いても足りないくらい多くの仕事を抱えているから、自分で（時間がかかる）実験をやっている余裕はない。かつては、実験助手や教務補佐員というポストがあって、これらの人に仕事を頼むことが出来た。しかし、公務員の定数削減が進む中で、これらのポストは削られてしまった。

一方、助手は一人前の研究者だから、手足としてこき使うことはできない。こうなると、実験やプログラミングを頼めるのは、大学院生だけである。

大学院生は、日頃から指導を受けている教授に頼まれれば、イヤとは言いにくい。権威が10分の1に落ちたとはいうものの、教授の頼みを断われば、指導が手抜きになるかもしれないし、時給1000円程度であっても、自分の役に立つ仕事を手伝ってお金をもらえるなら悪くない。運が良ければ、ほとんど仕事をせずにお金をもらえる場合もある。

仕事をしない学生にアルバイト代を払うことは禁じられている。しかし、仕事をしたかしないかを認定するのは、仕事を依頼した教授である。学生は出勤簿に印鑑を押しさえすれば、仕事をしたことになるのである。

学生アルバイトには、週20時間までという制限があるから、支払えるお金は月に7~8万円が限度であるが、働かなかった分を上納してもらえば、年に20万くらいになる。これだけあれば、極貧学生の生活費補助など、自分の懐から出ていく様々な出費の半分くらいは取り戻せる——。

このようなことは、やらない方がいいに決まっている。しかし80年代までは、相当数の教官がこれをやっていた。ある程度の研究費を持っていて、何人もの大学院生を抱える教授の中で、このようなことをやったことは一度もない、と言い切れる人はどれだけいるだろうか(高潔な纐纈《こうけつ》東大名誉教授は、絶対にやらなかっただろうが)。

事務官はこのようなことを知っていたはずだが、見て見ぬふりをしていたのは、工学部教授が自分の懐を痛めていることを知っていたためだろう。

この種の〝犯罪〟が広く世間に知られるようになったのは、90年代に入ってからである。それまで秘《ひそ》やかに行われていたものが、大規模かつあからさまに行われるようになったからである。

ヒラノ教授のような理論系の研究者が持っている研究費は、せいぜい年に300万円程度である。ところが実験系になるとこの数倍、あるいは10倍の研究費を使う教授もいる。こういう人は、何十人もの大学院生や研究生を抱えているから、ピンハネ額も多くなる。中には、学生から預金通帳と印鑑を預かって、丸ごとピンハネする教授もいる。

こんなことをやると、不満を抱く学生が出てくる。折から日本も、内部告発が当たり前の社会になった。一旦《いったん》新聞に出たらおしまいである。会計検査院のプロにとって、ピンハネの摘発など朝飯前だ。

叱責《しっせき》を受けた大学は、教官にピンハネ厳禁の通達を出した。これによって、学生アルバイト・ピンハネは撲滅されるはずだった。ところがどっこい、2006年になってとんでもない事件が起こった。

天下の名門・W大学の有力M（女性）教授が、学生名義の架空のアルバイト料1472万円のキャッシュを自分の口座に入れて、投資信託で運用していたというのである。調べてみると、出るわ、出るわ。不適切使用の疑いがある研究費は、総額1億円に達したという。

禁止されていることを知りながら、これだけ大掛かりなピンハネをやっていたのはなぜか。それは自分に限っては見つからない、たとえ見つかっても、大学と文科省が揉《も》み消してくれると思っていたからではないだろうか。

大物政治家が巨額の不正献金を受け取っても、検察は手を出せないと思っていたように、大学にも鈴をつけにくい大物教授が存在するのである。因《ちな》みにM教授は、東大教授を父親に持つエリートで、ルックスも良かった。こういう人は学界の大物の寵愛《ちょうあい》を受け、実力以上のポストと研究資金を手にする。

実験系の研究は、お金の多寡《たか》が実績に直結する。実績が上がれば、また研究費が出る。かくして研究費は、特定の〝有力〟教授に集中する（M教授はかねて、お金があり過ぎて使いきれないと言っていたそうだ）。

M教授は役人の覚え目出度《めでた》く、各種審議会や文科省の「研究資金不正防止委員会」の委員まで務めていた。ゴールドマン・サックスの会長が、政府の金融規制委員会の委員を務めているようなものである。

この事件が起こる3年ほど前に、東工大で同僚だった東大の有力教授が、アルバイト謝金のピンハネで、学生に告発されたことがあった。この教授は年間数千万円の研究資金を持ち、数十人に及ぶ大学院生や研究生を抱えていた。
週刊誌が2週にわたってこの事件を伝えた時、専門違いながらこの人の実力を知っていたヒラノ教授は大ショックを受けた。もし懲戒免職になるようなことがあれば、国家的損失につながる――。

結局この人は、何のお咎《とが》めを受けることもなく定年まで勤め上げ、今ではある私立理工系大学の学長として、文科省の知恵袋を務めている。羽振りがいい（良過ぎる）教授を妬《ねた》んだグループの謀略だという説もあるが、火のないところに煙は立たないから、100％潔白ということでもなかったのだろう。

かねて全国各地の大学で怪しい事件が多発していた。しかし、セクハラと違って厳しい処分を受けるケースは稀《まれ》だった。不正防止委員を務めたM教授は、これらのケースを熟知していた。そしてこの程度のことで処分されることはない、と思ったのだろう。

決して不正行為には手を染めない纐纈教授は、研究仲間であるM教授の不正に対して、「あの人は何も悪いことはやっていない」と弁護しているが、大学（教授）バッシングの嵐《あらし》が吹き荒れる中、W大学はM教授が提出した辞表を受取らず、1年間の停職に処した。

東大のN副学長に対する停職3ヶ月より厳しい処分だが、全国のまともな研究者に与えたダメージの大きさを考えると、懲戒免職10回でも足りないくらいである。

日々厳しさを増す締め付け

M教授を重用して面目丸つぶれになった文科省は、科学研究費など、国が拠出している研究費の使用に関する検査を強化した。この結果2008年以降、たとえボールペン1本であっても、科研費で物品を購入する際には、検収官なる職員が実物と書類が一致していることを確認することになった。

検収官を雇用するにはお金がかかる。そこで文科省は、科研費に30%上乗せした事務経費の中から、検収官の給与を支払うよう通達を出した。全国で数百に及ぶ研究機関が、それぞれ数名の検収官を雇用すれば、全国で少なくとも1000人、1人の給与を500万円とすると全部で50億円である。

文科省は、「M教授事件のような不正を防止するために、検収制度を導入した」と胸を張るだろう。しかし検査を厳しくした結果、善良な教官が追加負担しているコストを考えると、50億円の投資がそれに見合う収益を上げているとは思えない。

たとえ研究者がどれほど不便を感じても、またコストに見合う効果がなくても、このくらいのことをやらないと、世間の批判に応《こた》えることはできない、と文科省は考えたのだ。かくして、かねて使いにくいと批判されてきた科研費は、ますます使い勝手が悪くなった。いくつか具体的な例を挙げよう。

年度末近くなって、残っている研究費でパソコンを購入する場合、これまでは〝かくかくしかじかの商品を買いたい〟という注文を生協に出すと、担当者がメーカーから見積もりを取る。それでよければ、メーカーから見積書・請求書・納品書の3点セットが送られてくる。従来は、この3点セットを経理に提出すれば事務処理は完了し、暫《しばら》くすると生協からパソコンが送られてきた。

ところがM教授事件以来、届いたパソコンを検収官のところに持参して、実物が伝票と一致していることを確認してもらうことが必要になった。この結果、経理の締切日までに確実に実物が届く保証が得られないものは、発注が認められなくなった。最近は、注文を受けてから製造するメーカーが多いので、希望に合う商品を諦《あきら》めて、別の商品で間に合わせざるを得ない場合もある。

3点セットだけでOKだった時代には、消耗品（たとえばプリンター用紙やパソコンのメモリー）を買ったことにして、実際には科研費では買えないことになっている物品、たとえば扇風機や切手を買うことができた。

なぜ扇風機が買えないかといえば、研究に直接的に必要なものとは認められないため（機械なら冷やさないと故障するが、人間は冷やさなくても研究できる！）、また切手がダメなのは、これを金券ショップに持って行けば換金できるからである（なるほど）。

25年前、国際A級研究者を目指して全力疾走するヒラノ教授は、年に6編の論文を書き、書き上がるたびに、世界に散らばる数十人の研究仲間に郵送した。郵便物には切手を貼《は》らなくてはならない。ところが自分で切手を買うことはできないので、事務局に郵便物を持参して発送を依頼する。事務局はこれを郵便局に持って行って料金を支払い、ヒラノ教授の研究費から引き落とす。

こう書くと読者は、別段問題ないと思うかもしれないが、そうではない。一通ごとに、発送先の住所と名前を記した伝票を作らなくてはならないのである。2〜3通ならともかく、30通となるとかなりの手間である。

郵便物はこれ以外にもある。ヒラノ教授の場合、全盛期には年に1000通に達する郵便物を発送していた。そこで無駄な時間を省くため、出入りの業者に頼んで、ニセ3点セットを作ってもらうことになる。違法であることは分かっていても、伝票を作る手間を省くために、やむを得ずこういうことをやっていたのである。

インターネットが普及してから、郵便物は激減した。２０１０年にヒラノ教授が発送した郵便物は50通くらいだろう。２度目の定年を前にして、机の引き出しの中から１００枚以上の62円切手を発掘したヒラノ教授は、20年前の不正を思い出したのである。

東工大副学長の不正経理事件

２０１１年7月29日、〃2ヶ月後に学長に就任することが決まっていた東工大のO副学長が、不正経理に関与したため学長就任を辞退した〃という記事が大新聞に掲載され、大学関係者に激震が走った。

年度末に残っていた科研費で、ある機器を購入したことにして、業者から3点セットを受け取り、実際にはそのお金を業者に預けておいて、翌年に支給された研究費と合わせて、別の機器を購入したというのである。

東工大ではこの後学長選挙をやり直し、工学部長のO´教授が選ばれた。ところが就任前日になって、文科省からクレームがついた。O´教授にも、不正経理処理があったというのである。

　この通達を受けた東工大は、調査委員会を設けて、ことの真偽を確認中だということだが、この原稿を書いている2012年4月末現在、前年10月に退任するはずだった伊賀学長が続投している（なお2014年秋の時点では、どこをついても何も出てこなかった真っ白なM教授が学長を務めている）。

「500万円の装置を買いたいが、残っているお金は300万円しかない。来年また1000万円の科研費が支給されることになっているので、それと合わせてこの装置を買いたい。そこで、300万円分の3点セットを作ってもらえないだろうか」。業者は違法だと分かっているが、お得意様から頼まれればノーと言いにくい。

　検収制度があるのに、なぜこのようなことが起こるのかとヒラノ老人は訝《いぶか》ったが、この不正が行われたのは、検収制度が導入される前の2004年頃のことだと知って、納得がいった。

　巨額の研究費を持っている実験系の教授は、しばしば大きな買い物をするので、検収制度が施行されるまでは、「使い残した科研費は業者に預けておけ」、が常識だったのである。

　沢山の研究費を持っていた実験系の纐纈教授も、検収制度が導入されるまではこのようなことをやっていたそうだ。しかし、業者とコネが無いヒラノ教授は、毎年ゼロになるまでお金を使い切るため、秘書のミセスKと2人できりきり舞いしていた。

新聞社は、〝全国60大学・330人・預かり金総額7億円也〟の〝不正教授〟リストを入手しているということだが、その名簿に名前が載っている某教授は、「余ったお金を返却すると、翌年以降の研究費が減額される。だからといって、必要もない物品を購入する気にはなれなかった」と弁明している。ほかの不正教授も、おそらく同じことを言うだろう。

科研費にはいろいろな種類があるが、大半の申請は3年単位で行われる。たとえば1年目900万円、2年目700万円、3年目500万円という申請が審査をパスすると、通常その7掛け程度のお金の支給が決まる。7掛けでは計画通りの研究は出来ないが、節約すれば何とかなるだろう――。

ところが問題は、研究が3年にまたがって実施されるのに対して、会計処理は単年度で行うという制度である。お金を使い残すと返還処理が厄介な上に、翌年の支給額を減らされる可能性があるので、毎年ぴったり使い切らなくてはならないのである。

これから先も科研費を頼りにしている現役教授は、文科省に楯ついてブラックリストに載せられるリスクを取りたくないので沈黙しているが、定年退職と同時に科研費を申請する資格を取り上げられたヒラノ教授が、彼らに替わって言わせてもらいましょう。〝単年度会計制度は、研究を行う上で大きな障壁になっている〟と。

元理工系研究者・鳩山由紀夫《はとやまゆきお》博士を代表に戴く民主党は、政権を奪取した暁には、年度をまたぐ使用を可能にしてくれるということだったので、研究者コミュニティに大きな期待が広がった。しかし、2012年4月現在、年度をまたぐ使用が認められたのは、若手研究者のための少額研究費だけである。

不正退治の方法

では、研究費の不正使用を防ぐにはどうすればいいだろうか。

1つは、悪質な不正行為に対する罰則を厳しくすることである。たとえば、W大のM教授や東大のN副学長のような〝犯罪〟行為を働いた人を懲戒免職にすれば、不正は激減するだろう。大学教授の大半は、大学教授以外の仕事は勤まらない人種だから、懲戒解雇されることを知りつつ不正を行う人は少ないからである。

2つ目は、科研費をより使いやすくすることだ。複数年度にまたがる使用を認めれば、業者にお金を預けたり、必要がない物品を購入しなくて済むし、お金を使い切る目的で行われている不必要な出張も大幅に減るだろう。

3つ目は、獲得した研究費の一部を教授に還元することである。日本では研究資金の使用先は、申請書類に書かれた研究に直接関係する経費のみに限られている。一方アメリカの大学では、多額の研究費を取ってきた教授には、給与を増額した上に、教育負担や雑用を減らす方策が講じられている。

たとえば、スタンフォード大学のジョージ・ダンツィク教授は、毎年2億円近い研究費を稼ぎ出すドル箱教授だったが、この人は普通の教授よりかなり多くの給与を貰っていた上に、教育負担も半分程度だった。

2億円もの研究費を取ってくる教授は、大学に対して大きな貢献を果たしているのだから、この程度の褒賞があってもいいはずだが、どれだけ研究費を取ってきても、またいくら業績をあげても給料が違わない日本の大学は、世界でも類を見ない〝超平等組織〟として、一部の人から高い評価を受けている。

大学教授の大半は、もともとお金に対する執着は少ない生き物である（お金が欲しければ、別の職業を選んでいただろう）。5000万円の研究費を取ってきた大物教授には、その一部を給与もしくは奨学寄附金に準ずる、使い道が自由な資金として提供する措置を講ずれば、解雇のリスクを取ってまで、アルバイト代をピンハネしようとは考えないだろう（こんなことを言うヒラノ教授は、文科省の役人からアマちゃんだと言われてしまうのでしょうか）。

10　論文盗作とデータの捏造《ねつぞう》

アイディアは盗んだ者の勝ち

〝他人のアイディアを盗んで論文を書く〟という犯罪が、アメリカでは日常的に行われているということを知ったのは、博士資格試験に合格したその日に、学科主任のジェラルド・リーバーマン教授の訓示を聞いた時である。

「合格おめでとう。君たちはこれから博士論文に取りかかるわけだが、1つ忠告しておこう。新しいアイディアを思いついた場合、親しい友人であっても、それについて〝個人的に〟相談することは慎むように。また部屋を空けるときは、ノートやメモの類《たぐい》は持って出るか、カギのかかる引き出しに仕舞うようにしなさい。アイディアはひとたび盗まれたらおしまいだから、十分に注意するように。

私はこれまで、アイディアの盗用に関わる不幸な事件をいくつも見てきたが、盗まれた側がそれを立証できたケースは1つもなかった。私はこの学科で盗んだ、盗まれたという事件が起こらないよう願っている」

アメリカでは、すでに1960年代にこのような事件が頻発していたということである。このような環境では、心を許しあえる友人などできるはずがない。

若者に厳しいアメリカの大学

"Publish or Perish"（論文を書かない者は退場せよ）という有名な言葉があるように、アメリカの大学では、論文を書かない若者は生きていけない。

大学の格と研究分野によって違いがあるが、一流大学の場合、博士号を取ってアシスタント・プロフェッサー（日本で言うところの助教）に採用された人は、3年間の任期中に5～6編の論文を書けば、もう3年任期が延長される。

この条件を満たすことができそうもない人は、3年目に入ると学部長から次の職場を探すよう申し渡される。任期が更新された人は、3年の間にもう5～6編の論文を書けば、アソシエート・プロフェッサー（准《じゅん》教授）に昇進し、テニュア（終身在職資格）を獲得する。

一流大学にアシスタント・プロフェッサーとして採用されるのは、一流大学でレベルの高い博士論文を書いた人に限られる。しかし彼らといえども、6年間に10編以上の論文を書くのは容易でない（これがどれだけ難しいかは、後で詳しく説明する）。研究には〝波〟がある。いい鉱脈が見つかると、次々と宝石が出てくる。大秀才の中には、3年間に6編以上の論文を書き、4年目に准教授に昇進する人もいる。しかしパチンコ台と同じで、アイディアは出るときは出るが、一旦《いったん》出なくなったら出ないものである。論文を書かなければクビになるのだから、アシスタント・プロフェッサーは必死である。

アメリカの大学は、研究者を競争させるために、同じ学科の中に似通った分野の研究者を配置する。たとえば、MITのスローン・スクールでは、応用確率論が専門の助教授2人を同時に採用して、互いに競い合わせた。

3年後、一方は解雇されて二流大学に転出。もう一方は准教授に昇進したものの、精神に異常をきたして長期療養を余儀なくされたという。

日本は全く違う。ヒラノ青年が在籍した、東大工学部の応用物理学科には9人の教授がいたが、全員違う分野の研究をやっていた。A教授がB教授の研究分野に関心を持ったとしても、それには手を出さないのが暗黙のルールだった。

指導教官が違う学生は、違う分野の研究をやっているから、アイディアを盗んでも使い道がない。同じ指導教官の下で研究している学生が、仲間のアイディアを盗めば、村社会から追放される。

当時の日本では、"Publish or Perish" は海の向こうの話だった。学界を代表するような研究者でも、論文を書かない人はいくらでもいた。文化勲章を受章した数学者・岡潔《きよし》教授は、生涯に7編の論文しか書かなかったということだし、幾何学の大家である京都大学のK教授は、自分ではほとんど論文を書かなかったが、学生や同僚にアイディアを提供して有力な研究者を育て、尊敬を集めていた。

論文を書くのは、後世に残る大きな成果が出たときだけで、ありきたりな論文を量産するようなことはしない、という人が生きていたのである。

わが国で、ORや計算機科学など数理系の研究者が、(英文)論文書きに血道をあげるようになったのは1980年代半ば以降である。研究の国際化が進み、国際的に通用する論文をレフェリーつきジャーナルに発表しなければ、国内でも評価されない時代がやってきたのである。

折からワープロが急激に安くなり、数式入り英文論文入力のためのソフトが手に入るようになった。この結果日本でも、論文盗作やデータの捏造などで、研究者としてのキャリアを棒に振る人が出るようになった。

論文審査の仕組み

なぜこのような犯罪が起こるのかを理解するには、論文書きという営みについて知る必要がある。

読者の中には投稿された論文は、すぐにでも掲載してもらえると思う人がいるかもしれないが、それは違う。たとえノーベル経済学賞を受賞したケネス・アロー教授や、フィールズ賞を受賞したスティーブン・スメール教授のような大学者の論文も、(一応は)レフェリーの審査を受けるのである。

早ければ3ヶ月、遅ければ1年後に届く編集長の手紙は、4つのタイプに分かれる。一番嬉《うれ》しいのは、「このままで受理」であるが、一流ジャーナルの場合、これは20編に1編もないだろう。ヒラノ教授がこのような報告を受け取ったのは、150編中5編に過ぎない。

次に嬉しいのが、「少々修正(minor revision)を施せば掲載可」である。ここで少々というのは、単純な記述ミスやイントロダクションの書き直し、参考文献の追加といった程度のものである。ヒラノ教授の場合で言うと、このケースが全体の6割程度である。

参考文献の追加を求めてくるのは、論文の著者もしくはその仲間であることが多い。自分の論文が研究者に参照される回数が多いほど、研究者の評価は高まるのである。

嬉しくないのは、「大幅改訂（major revision）を施した上で再審査」である。このような場合、どのような改訂を行う必要があるかについて、具体的な指示を出してくれる人もいれば、良く読みもせずに、見当はずれなことを言って来る人もいる。

中には、「英文が読むに堪えないので、ネイティブ・スピーカーに頼んで書き直してもらえ」、「中身が薄いので、半分以下に縮めろ」、「計算実験が不十分で説得力がないので、より体系的な計算結果を示せ」、「この論文は、××誌に掲載された○○氏の論文と重なる部分が多いので、どこにオリジナリティがあるのか明記せよ」などなど。

〝アメリカ暮らし5年超の男に対して、読むに堪えない英文とは、人種差別ではないのか？〟。

〝分かり易《やす》さを意識して詳しく書いたのに、半分以下に減らせとはご無体な〟。

〝より体系的な計算結果⁉　ウヌヌ。どれだけ手間がかかるか分かっているのか！〟。

計算結果を捏造しようという誘惑に駆られるのは、このようなときである。

〝似たような論文があるとは一大事。半年の努力と、50万円の研究費がムダになるのか。嗚呼《ああ》、神様！〟。

しかしレフェリーは神様だから、掲載してもらいたければ言うことを聞くしかない。駆け出しだった時代、そして一定の地位を手に入れた後も、このようなレポートを受取るたびに、ヒラノ教授は真っ暗な気持ちになった。ヘラクレス的努力の結果、大半の論文は掲載にこぎつけたが、ライバルに負けないために、また50万円と300時間の投資を取り戻すために、耐え難きを耐え、忍び難きを忍んで、改訂作業に取り組んだ。

時には、完全な拒絶査定を食らうこともある。「この論文は、本誌の編集方針に馴《な》染《じ》まないので、別のジャーナルに投稿することをお勧めする」。こんな時は、サバサバと別の投稿先を探す。

幸いなことに論文の大洪水の中で、次々と新しいジャーナルが刊行されたから、A級ジャーナルで拒絶されても、Aマイナス級もしくはB級でもよければ、投稿先はいくらでもある。しかしA級研究者は、B級ジャーナルには目もくれないから、一流の座を維持するには、A級ジャーナルに掲載してもらわなくてはならないのである。

一方「レフェリーから厳しい審査結果が送られてきたので、拒絶するしかない」という編集長の手紙の後に、「この論文は単なる思い付きを書いたものに過ぎない。著者にはファイナンス理論を一から勉強し直すことを勧める」というレフェリー・レポートが添付されていたりすると、血圧は急上昇して悶絶《もんぜつ》寸前である。

ヒラノ教授が、このようなレポートを受取ったのは一生に2度だけである。しかし、百戦錬磨の男でも大ショックを受けたくらいだから、駆け出しの若者であれば、やる気をなくすだろう。ヒラノ教授は、2回とも編集長と掛けあって掲載にこぎつけたが、内容に自信がなければできなかったことである。

レフェリーの犯罪

ボロクソ・レポートを受取った時に思い出したのは、留学時代に耳にした〝レフェリーの犯罪〟である。

駆け出しのアシスタント・プロフェッサー（助教授）A氏の論文に対して、「この論文はこれまで知られている方法に、わずかな改良を施しただけに過ぎないので、掲載に値しない」というレフェリー・レポートを根拠に、編集長が掲載を拒絶した。

ところがそれからしばらくたって、別のジャーナルに、A氏のものとほとんど同じ論文が掲載された。そこに記された投稿日付を見ると、自分が拒絶査定を受取った直後である。レフェリーが拒絶レポートを書いた後、（少々手を加えて）別のジャーナルに投稿したのではないか？

こう考えたA助教授は、自分の論文を拒絶した編集長に、誰がレフェリーを務めたかを問い合わせた。しかしレフェリーは匿名《とくめい》が原則である。そうでなければ、誰もアローやスメールのような学界の重鎮が書いた論文について、本音を書くことはできないからである。

その上、このような事実が明るみに出れば、編集長やジャーナルの権威が失墜する。かくして、A助教授の抗議は葬《ほうむ》り去られたのであるが、事情通によれば、このような犯罪はアメリカでは珍しくないということである。

研究者であれば、誰でもレフェリーとの戦いで消耗した経験があるはずだ。運悪く〝原理主義レフェリー〟にあたったら、何度改訂してもダメなことが多いので、適当なところで諦《あきら》めることも必要である。

こう書くと、レフェリーは鬼か悪魔のような人ばかりかと思われるだろうが、実際のところ8割は心優しい人である。彼ら（その多くはエンジニア）は論文を詳しく読んで、長所を評価した上で、思い違いや記述の誤りを指摘してくれる。

自分でも論文を書く人であれば、著者がどれだけのエネルギーを投入したか分かっているから、たとえつまらない論文であっても、「単なる思い付き」だとか、「一からやり直せ」などとは書かないものなのである（このレフェリーは、自分の論文を罵倒《ばとう》された腹いせに、こんなレポートを書いたのかもしれない）。

ヒラノ教授が書いた論文で、最後まで掲載にこぎつけられなかったのは、駆け出し助教授時代に書いた3編を除けば、2編だけである。どちらも、タッチの差で他人に先を越されたものであるが、経済学者や数学者がこの話を耳にすれば、「エンジニアは仲間に対して甘すぎる」と言うだろう。しかしヒラノ教授に言わせれば、彼らが必要以上に厳し過ぎるのである。

互いに厳しく批判しあうコミュニティーで生き残るのは、一握りの強者だけである。ところが時には強者ですら、ここから逃げ出すこともある。

互いにヨイショし合うエンジニア・カルチャーと、互いに批判し合うエコノミスト・カルチャーの狭間《はざま》で20年余りを過ごしたヒラノ教授は、若い頃エンジニア・コミュニティーで過ごしたＭＩＴのフィッシャー・ブラック教授が、ファイナンス理論（金融工学）のチャンピオンになったあと、エコノミスト・カルチャーと袂《たもと》を分かち、エンジニア・コミュニティーに戻って行った気持が良く分かるのである。

論文審査という勤労奉仕

ヒラノ教授は、東工大に移って間もない１９８３年から２年間にわたって、日本ＯＲ学会の英文論文誌の編集長を務めた。編集長の仕事は、投稿されてくる年に80編ほどの論文の審査を、それぞれ２人のレフェリーに依頼することと、戻ってきたレフェリー・レポートをもとに、「このままで掲載可」、「多少の手直しで掲載可」、「本格的な改訂を行った後再審査」、「残念ながら掲載不可」の４種類の手紙の中の１つを選び出して、著者に発送することである。

２人のレフェリーの評価が一致しているときには、判断は容易である。一方、評価が割れたときには、第３のレフェリーに審査を依頼するか、編集長が自分で読んで、どちらのレフェリーに分があるかを判断する。

厄介なのは、レフェリー（と編集長）の査定に著者がクレームをつけて来る場合である。中には激高して、編集長のところに押しかけて来る人もいる（ヒラノ教授も２度ばかり、拒絶査定を行った編集長に直《じか》談判したことがある）。専門家の地位とプライドをかけた抗議に、ヒラノ教授はタジタジとなったが、ダメなものはダメだから断固拒否するしかなかった。

90年代に入るとヒラノ教授は、「Journal of Global Optimization」なる論文誌が新刊された機会に、国際編集活動に携わるようになった。

これをきっかけに、国際A級ポジションを手に入れたヒラノ教授には、次々と編集委員就任依頼が舞い込んだ。頼まれたことは断らないエンジニアは、1990年代後半には、8つのジャーナルの編集委員を務めていた。

8誌を合計すると、全部で年2000編以上の論文が投稿されてくる。この結果ヒラノ教授は、年に10編以上の論文の審査責任者――論文を2人のレフェリーに発送し、戻ってきたレポートをもとに編集長に掲載の可否について助言する人――を務めるとともに、年に10編以上の論文のレフェリー役を依頼された。

論文を読んでレポートをまとめるには、最低10時間はかかるから、10編となると100時間である。このような仕事を（無償で）引き受けたのは、国際的知名度を確保するためと、10に1つくらいは自分の研究に役立つ論文が含まれているからである。

ところが21世紀に入ってから、10年の間に投稿論文はほぼ2倍になった。この結果審査依頼が急増した上に、論文の質が低下した。かつては、10編審査して5編が合格基準を満たすものだったのに対して、20編審査しても増えた10編のほとんどが、ジャンク論文になってしまった。しかしたとえジャンクでも、それと判定するためには、それなりの時間がかかる。

編集委員を引き受けることで知名度は上がったが、60代半ばを過ぎた老人には、得るよりも失うものの方が多い。残り少ない人生を、このような空《むな》しい仕事に費すのはやめた方がいい。こう考えたヒラノ教授は、順次編集委員から撤退することにした。

多重投稿

このところ編集陣を悩ませているのが、新興国のモラルのない研究者による多重投稿である。

すべてのジャーナルは、〝投稿論文は、どこにも投稿していないものに限る〟という条件を付けている。同じ論文を3つのジャーナルに投稿して、最初に合格通知が届いたところで、残り2つのジャーナルの投稿を取り下げる、というようなことをされると、審査に要した時間がムダになるからである。

真っ当な研究者は、レフェリー・レポートを受け取ったあと、改訂を施すか別のジャーナルに投稿しなおす、というルールを守ってきたのである。

ところがあるときヒラノ教授のところに、2つのジャーナルからほぼ同時に、同一著者（3名連記）による論文の審査依頼がやってきた。10時間余りの時間をかけて論文を読み、ジャンクと判定して編集者あてに拒絶査定報告書を送ったあと、暫《しばら》くしてもう1つの論文の審査に取り掛かって驚いた。

タイトルが違うだけで、その内容は先に拒絶した論文と全く同じものだったのである。罰則規定はないが、これは歴然たるアカデミック・クライムである。編集長にその旨《むね》連絡すると、この3人は過去にも同じようなことをやった札付きだった。

アメリカ式論文至上主義が新興国にも蔓延《まんえん》した結果、論文盗作やデータの捏造が横行しているのである。

筑波大学の助教授だった時代、ヒラノ青年は苦労して書いた3つの論文が次々と拒絶査定を受けて落ち込んだことがある。しかし、論文盗作など考えたこともなかった。幸い日本では、ひとたび助教授になれば、論文を書かなくてもクビになることはなかったからである。

もしヒラノ青年の勤め先がアメリカの大学だったら、3年で解雇されて、二流大学で教育・雑務マシーンになっていただろう。運が悪ければ、二流大学からも解雇されていたかもしれない。そのような状況の下では、論文盗作に手を染めた可能性はゼロとは言えない。

10年に及ぶ教育・雑務マシーンを務めたあと、運よくいい鉱脈を見つけだし、教育・研究・雑務マシーンに昇格したヒラノ教授は、研究費の不正使用には手を出したものの、論文盗作には関わらずに済んだ。

データの捏造

一方データの捏造については、若干後ろめたいことがないではない。ヒラノ教授は20年余りにわたって、資産運用や信用リスクの管理に関わるややこしい問題を数学的に定式化した上で、あの手この手を使ってこの問題を解き、実際のデータを使ってこのアプローチの有効性を確認する仕事に携わってきた。

問題自体が難しい——いわゆるNP困難問題——なので、あるデータに対しては速く解けるが、別のデータの場合はうまく解けないことがある。そこで、あの手この手を使うのであるが、100回に99回は1分程度で解けるのに、1つだけ何時間計算機をまわしても解けない問題がある。

こういう時に、正直に100回に1回くらい解けないことがあると書いて、拒絶査定を受けるリスクを甘受すべきか。それとも解けなかった問題は、解かなかったことにしてしまうか。

厳密にいえば、これは計算結果の粉飾である。しかし、この程度なら許される範囲だというのが、著者としてレフェリーとして、そして編集委員としてのヒラノ教授の意見である。

もちろん、2回に1回しか解けないのに、全部解けたように書けばインチキである。しかし、そのようなインチキはばれる可能性が高い。なぜなら世界各地に、似たような問題に取り組んでいる人が大勢いるし、計算方法を論文中で公開しているので、その結果を検証するのはそれほど難しくないからである。

数理科学の分野でデータの捏造が少ないのは、この分野の実験には再現性があるので、捏造してもすぐにばれてしまうからである。一方生物系の分野で捏造が多いのは、生物には〝個体差〟があるため、同じ実験をやっても違う結果が出るのは、珍しいことではないからである。

11　領土略奪事件

ハードウェアのおまけ

東京大学応用物理学科で、初めて計算機プログラミングが正式科目として取り入れられたのは、ヒラノ青年がこの学科に進学した1961年である。

計算機科学（情報科学）は、このあと急速な立ち上がりを見せ、70年代に入ると、京都大学、大阪大学、東京工業大学などに、情報科学科や情報工学科が設立された。

これらの学科の守備範囲を大まかに分類すると、計算機本体や回路・素子などを扱う「ハードウェア研究」、計算機を効率良く動かすための「ソフトウェア研究」、計算機を利用して現実問題を解くことを目的とする「アプリケーション（応用）研究」、そして数学や論理学などの「基礎研究」からなっていた。

70年代はじめの計算機はスピードが遅く、メモリー容量も小さかった。10年前に比べれば、100倍以上速くなったが、まだまだ遅い。だから国も企業も、そして研究者も、より速く、より多くのメモリーを持つ計算機（ハードウェア）を作ることが最も重要だ、と考えていたのである。

一方、ハードウェアの〝おまけ〟として、無料で配布されていたソフトウェアの研究は、ハードウェア研究の下僕の地位に甘んじていた。ハードウェア研究者は、ソフトウェア研究を二流の人たちがやること、アプリケーション研究を、（ヒラノ青年のような）三流の人たちの仕事だと考えていた。

ところが、60年代末にヒラノ青年が米国に留学した時、スタンフォードなどの有力大学では、ハードウェア研究は電気工学科の領分であって、計算機科学科では、ソフトウェアとアプリケーションが中心に位置づけられていた。また、スタンフォード大学周辺のシリコン・バレーでは、ソフトウェア・ビジネスが立ち上がりつつあった。

ヒラノ青年が、工学部の学生だった時に書いたプログラムは、精々500ステップ程度の大きさだった。この規模のプログラムであれば、自己流で書いても問題はない。

大学院に入ってからは、3000ステップのプログラムを書いた。このレベルになると、あらかじめ全体をうまく設計しておかないと、後に機能強化が必要になったときに、一から書き直すのと同じくらいの手間がかかる。

自動車は約10万パーツ、飛行機は100万パーツで出来ている。ところが、計算機の基本作業をコントロールするための、OS（オペレーティング・システム）ソフトに含まれるパーツの数はこれより多い。また多種多様な応用（アプリケーション）ソフトは、更に多くのパーツから組み立てられている。

1980年代のレーガン政権時代に構想された、「スターウォーズ計画（SDIプロジェクト）」を実現するには、6500万ステップのプログラムを書くことが必要だといわれていた。このような超大型アプリケーション・ソフトを作るためには、ありとあらゆる工学技術を総動員しなくてはならない（当時は、このように巨大なプログラムを作ることは不可能だと思われていたが、現在では、この10倍を超えるプログラムが組まれている）。

60年代半ば、研究者たちは、計算機のスピードが100万倍になれば、ほとんどの問題は解決されると考えていた。上手なプログラムを書けば、計算は10倍速くなるかもしれない。しかし計算機が1000倍速くなれば、そのような工夫をしなくても問題は解ける、というわけである。

実際、70年代に入ってメモリーが劇的に安くなり、マイクロ・プロセッサーの出現で、計算スピードが向上すると、易しい問題はあらかた解けてしまい、研究者の関心はより難しい問題に移った。こんなところに見つかったのが、計算機がどれほど速くなっても、厳密に解くのは困難だと思われる「NP困難問題」である。「NP困難問題」というのは、問題の規模が100倍になると、計算量が2^{100}倍、すなわち10^{30}倍になる厄介な問題である。計算機が100万倍（10^{6}倍）速くなっても、このような問題を解くには何兆年もかかる。しかも世の中は、このような問題が溢《あふ》れているというのである。計算機科学に、〝ブラックホール〟が出現したのである。

この結果、わが国でも70年代に入ると、このような難しい問題を解くためのアルゴリズム（計算方法）や、ソフトウェア研究の重要性が認識されるようになった。ところが日本政府や産業界は、依然としてハードウェア重視（ものづくり重視）、ソフトウェア／アプリケーション軽視の姿勢を変えようとしなかった。

その証拠をいくつか示そう。70年代半ば、ソフトウェアやアプリケーション研究に、より多くの財政的支援を求めるヒラノ助教授に対して、通産省の担当課長は言った。

「ソフトウェアはお金になりません。通産省としては、ソフトウェアより、〝ハードウェア（ものづくり）〟に集中投資したほうがいいと考えています」と。

また、通産省の知恵袋と言われた東大工学部教授は、「日本は足腰が強ければ、アタマが少々野暮ったくても構わない（ソフトウェアやアプリケーションは、アメリカに花を持たせてやりましょう)」と言っていた。

この時代、ソフトウェア科学の世界は、大正時代生まれの世代が次第に第一線を退き、これら旧世代の継承者である、昭和1桁《けた》生まれの第2世代が実権を握っていた。ほとんどは、数学、応用物理、電気工学、機械工学などから転進した人々である。

これに対して、はじめからこの分野の研究を目指した昭和2桁生まれの人達が、われこそは新時代の計算機科学の担《にな》い手とばかり、主流派にチャレンジしていた。

「わが国の計算機科学は、なぜアメリカに比べてこれほどまで遅れているのか？　通産省主導のハードウェア偏重路線もさることながら、ソフトウェア科学のリーダーたちの〝志の低さ〟にも責任がある。このまま行けば、わが国のソフトウェア科学は、永久にアメリカの後追いで終わる。この際、わが国もソフトウェア科学の理念を確立し、米国を上回る拠点作りを行わなくてはならない」

これが彼らの主張だった。そしてこれが実現できるのは、ゼロからスタートする大学、すなわち筑波大学だけだったのである。

物理帝国の謀略

1974年に第一期生を迎え入れた筑波大学は、世界中で吹き荒れた大学紛争後に、東京教育大学を母体として作られた「新構想大学」である。

すでに東大・京大・東工大などの有力大学には、計算機科学科に相当する学科が作られていたが、どの大学も教官定員が15人（5講座）、学生定員が40人程度の規模で、電気工学・機械工学・数学などの出店的色彩が強い学科が多かった。

ところが新構想大学には、教官定員が34人、学生定員が80人の、〝ソフトウェア科学の世界的拠点〟を目指す学科が設立されることになったのである。文部省が、ハードウェア路線の通産省に対抗して、ソフトウェア路線で打って出たのである。

この構想を知ったヒラノ青年は、もしエース級の人材を集めることが出来れば、わが国のソフトウェア科学は、アメリカに追いつくことができるかもしれないと考え、陸の孤島に馳《は》せ参じた。

巷《ちまた》では「物理・体育大学」と呼ばれていたことが示すように、ノーベル物理学賞を受賞した朝永《ともなが》振一郎博士を擁する物理学科は、日本の体育界に君臨する体育学科とともに、筑波大学の中で大きな力を持っていた。

新構想大学の推進役を務めた物理集団は、教官定員15人の新領土「物理工学科」――筑波大学では、教官組織と学生組織を切り離して、前者を学系、後者を学類と呼んでいたが、面倒なので、ここでは両者を「学科」と呼ぶことにする――を手に入れた。しかし自分たちの分け前が15人なのに、海のものとも山のものとも分からない新興分野「計算機科学科」が、2倍以上の34人とは何事か！

湯川秀樹《ひでき》・朝永振一郎という、2人のノーベル賞受賞者を頂点とする「物理帝国」は、わが国の学術界に君臨する強力な集団である。ところがこの時代の物理帝国は、ポスト不足のため、次代を担う優秀な若者を処遇出来ずに苦しんでいた。

このような状況の中、新構想大学設立の立役者である福田信之《のぶゆき》副学長の片腕として、「物理工学科」の人事を取り仕切った松本教授は、「計算機科学科」から34人の3分の1に相当する、11人分を自陣に取り込む計略をめぐらせた。

新しく大学を設立する際には、文部省に付属する「大学設置審議会」が、各学科のカリキュラムを審査する。これが認められると、次は教官候補の審査である。この際、各科目を担当する教官候補は、それに相応《ふさわ》しい実績――教育経験と研究業績――を持つことが要求される。

ところが松本教授は、審査をパスした34人中11人のソフトウェア研究者の名前を、物理工学や電子工学の専門家に差し替える、という離れ業をやってのけるのである。

教官候補者の差し替えは、担当科目の差し替えと一体になっている必要がある。ところが計算機科学科のカリキュラムには、電子工学や物理工学に対応する科目は、ほとんど含まれていない。カリキュラムに変更がない以上、教官の差し替えは認められない。

そこで松本教授は、当面の間、審議会に提出した書類に記載された候補者名だけを入れ替えておいて、カリキュラム変更は後日実施すればいいと考えた。このようなことは、松本教授一人でできることではない。だから、大学執行部や事務局の中にも、このトリックに加担した人がいたはずである。

内紛

物理帝国の侵略構想を知らない計算機科学科では、巨大な恐竜が船を飲み込もうと待ち構えているのに、全国各地の大学からはみ出してきた荒くれ教授たちが、予算・設備・研究・教育方針を巡って、バトルを繰り返していた。

ここに登場したのが、〝ハードウェア至上主義者〟の長武教授である。この人は、

1977年3月に東京大学電気工学科を停年退職したあと、「第三学群長」として筑波大学に乗り込んできた。そのポストは、計算機科学科、物理工学科、社会工学科などの8学科からなる工学部の、〝学部長〟に相当する要職である。

松本教授ルートでこのポストを手に入れた長武学群長は、物理帝国の計画を入念に推し進めた。

カリキュラム変更作戦を実行に移すXデーは、計算機科学科の第一期生が3年になるとき、すなわち1979年はじめに設定されていた。この年の4月に、計算機科学科の専門科目を担当する11人分の教官ポストがついてくるのである。

1977年の暮れ、ヒラノ助教授は日頃から薄気味悪いと思っていた、松本教授の腹心事務官のオフィスに引っ張り込まれた。

「松本教授は福田副学長（筑波大学のドン）と一心同体ですから、あの人に睨《にら》まれたら、筑波では生きていけなくなりますよ（追い出されてしまいますよ）。あなたは、カリキュラム変更に反対しているそうですが、そもそものはじめから、計算機科学科の11人分のポストは、物理グループに提供されることが決まっているのです。もしこの点に疑問があれば、松本教授がいつでも説明する用意があると仰《おっしゃ》っていますから、お会いになられてはいかがですか」

ビビったヒラノ助教授は、最初から計算機科学科構想にタッチしていた数学科の西村敏男《としお》教授に、ことの真相を確かめることにした。ところがこれに対して、西村教授は声を荒らげて、

「松本の奴《やつ》は、まだそんなことを言っているのか。そんな話は全部デタラメだ」と答えた。

この言葉を聞いたヒラノ青年は、計算機科学科構想を巡って、ハードウェア路線の松本教授と、ソフトウェア路線の西村教授がやりあった末、最終的に西村教授の主張が通ったのだと判断した。しかし、このようなややこしい問題に、助教授ごときが首をつっこむと碌《ろく》なことはないと考え、事務官の〝アドバイス〟を聞き流した。

1978年9月、長武学群長は計算機科学科に対して、カリキュラムの差し替えを要求した。「計算機科学科のカリキュラムは、ソウトウェアに偏《かたよ》りすぎているので、その3分の1をハードウェア科目に変更せよ」というのである。

学科設立後4年間、すなわち最初の卒業生を出すまで、文部省はカリキュラムの変更を認めない。カリキュラムこそが、学科存立の基盤なのである。島内武彦主任教授は、国立大学ではあり得ない、カリキュラム変更要求を拒絶した。

これに対して長武学群長は、学科の上部組織である「学群」の長が、職権で行った

命令に対する拒否回答に〝激怒〟した。大学にはまずカリキュラムがあり、それを決める最高責任者は自分のはずだ、というのである。

激怒した学群長は、若手助教授を呼び出し個別撃破に出た。「上司の職務命令に従わないと、どんなことになるか分かっているだろうな」と恫喝《どうかつ》されたぽっと出の助教授は、東京大学教授変じて、筑波大学副学長ポストを狙《ねら》う権力モンスターのギラギラした目つきに、『夕陽のガンマン』を思い浮かべた。

学群長の要求をのめば、ソフトウェアやアプリケーション関連科目を半分に減らさなくてはならない。そんなことになれば、「ソフトウェア科学の世界的拠点構想」は瓦解《がかい》する。これは、絶対に認めるわけにはいかない。

ところが学科内の不満分子の中から、学群長の要求を受け入れる人が出てくるのである。2つに割れた計算機科学科は、3ヶ月に及ぶすったもんだの末、8対7の僅差《きんさ》で学群長の要求を拒否した。

大学設置審議会

カリキュラムの変更を否決した時点で、ヒラノ助教授は勝負がついたと考えた。しかし事態は思いがけない展開を見せた。物理帝国の筑波地区総司令官である松本教授には、ここで引き下がってはいられない特別な事情があったのだ。

1979年はじめ、松本教授グループは、11人中7人分のポストはどうしても呑《の》んでもらわなくてはならない〝法的根拠〟がある、と申し入れてきた。このポストが用意されなければ、大学が契約不履行で訴えられ、裁判に負けるというのである。

大学を新設するにあたっては、大学設置審議会の承認が必要となることは既に書いた。このためには、まずカリキュラムを決めた上で、その科目を担当できる人物を選び、設置審議会に審査を依頼する。この際候補者は、詳細な履歴書と業績リストを用意するよう求められる。

これだけでも面倒なところにもってきて、就任承諾書に実印を押した上で、所属長の承諾書を提出しなくてはならない。大学であれば学長、民間企業であれば社長のハンコが必要になるのである。

候補者が国立大学の教官であれば、問題は起こらない。助手から助教授、助教授から教授へという昇進人事であれば、引き抜かれる側は反対しないのが慣例になっているからである。また余人をもって代えがたい有力助教授が転出しようとしたときには、どこかから空きポストを借りてきて教授にしてしまえば、この話はオシマイになる。

したがって、国立大学同士で問題が起こるとすれば、それは有力教授の引き抜きの場合に限られるが、アメリカと違って村社会の日本では、このようなことは滅多に起こらない。

問題は、民間から採用する場合である。有能な人材を大学に取られることを歓迎する組織はない。したがって、引き抜かれる研究者は、上司の内諾を得た上で、その上司が更にその上司の内諾を得るという慎重な手続きを踏んだあと、社内でやむをえないだろうというムードができるのを待たなくてはならない。

では、根回しがうまくいかなかったときにはどうなるか。第1のケースは、本人が移籍を断念するケースである。第2は、あくまでも転出を希望する場合である。

ここでもし、1ヶ月後に採用されることが決まっていれば、会社を馘《くび》になっても1ヶ月浪人するだけで済む。しかし新設大学の場合は、ポストは「学年進行」ルールによって、4年に分けて付いてくるから、場合によっては、3年先の就任を約束しなくてはならないこともある。

了解が得られたとしても、社長の承諾印をもらったということは、×年×月に会社を辞める約束をしたということである。こういう人が、後日約束を取り消されたらどうなるか。事情を説明して、もとの組織に置いてもらうことができたとしても、居辛《いづら》くなることは間違いない。辞めることを前提として、新たな人事が行われているかもしれない。こうなると、大学を契約不履行で訴える人が出てくる可能性がある。

こういうわけで、民間にいい人がいても、大学側はトラブルになることを恐れて、承諾書をもらうことを諦《あきら》めざるを得なくなる。

ではこの人物が余人に代えがたい人であって、本人も3年後の就任を希望していたらどうか。

ダミー人事のからくり

このような場合に使われる便法が、〝ダミー人事〟である。実際には移籍するつもりはない人に名前だけ借りるということが、しばしば行われていたのである。こんな場合には、気心の知れた国立大学の教官で、審査を通る業績のある人に頼むのであるが、頼まれる側も本当に行く気はない、ということをはっきりさせた上で、学長の承諾印をもらう。

計算機科学科が採用することになっていた人のかなりの部分は、このようなダミー人事だった。これは褒められたことではない。しかし、3年先の約束を100%当てにすることはできない。そこで当面は立派な人の名前を借りておいて、その人が来る気になってくれれば万々歳、ダメな場合は時間をかけていい候補を探し出し、後日再び審査してもらえばいいという次第である。

一方、松本教授が差し替えた書類に記載されていた11人は、すべて本気で筑波への移籍を承諾した候補だった。既に書いたとおり、当時の物理帝国は深刻なポスト不足に悩まされていた。だから筑波大学に招いてもらえるなら、万難を排してでも行きたいという人が大勢いたのである。

この人達を採用しないと、筑波大学が契約不履行で訴えられる。訴えられたら裁判に勝てない。そうなると、スキャンダルとして新聞に書き立てられる。これだけはどうしても避けたい。

11人のうち7人のハードウェア専門家は、（ポストが無いので）採用出来ない。だから計算機科学科で取ってくれという話である。設置審議会（文部省）を欺《あざむ》いてカリキュラム変更を迫り、一方で設置審を根拠にポストの割譲を求める。こんなことは許されるはずがない。

ドーハの悲劇

1979年1月、4月発令の11人の人事を行うための期限が迫っていた。これまで一貫して要求を拒否してきた計算機科学科では、物理工学グループとの最後の交渉を前にして、会議を開いてポスト割譲要求拒否を確認したあと、交渉に関するすべてを、交渉担当の海部《かいふ》教授に一任した。ここで拒否を貫けば、時間切れでこちらの勝ちである。

その数時間後、交渉を終えて戻ってきた海部教授から、思いもよらない言葉が発せられた。「諸般の事情を勘案した上、7ポスト並びにそれに見合う研究室と実験スペースを、物理工学グループに割譲することで決着しました。その詳しい理由について、今はお答えできません」

なぜこのようなことを受け入れたのか⁉　しかしわれわれは、すべてを海部教授に〝一任〟していたから、この決定に異議を挟むことはできなかった。

このときのショックを表現する言葉があるとすれば、絶対に勝つと思っていたゲームを、ロスタイムで同点に追いつかれた、「ドーハの悲劇」のようなショック、と言えばお分かりいただけるだろうか。

海部教授は物理グループが示した情報、たとえばポストが提供されなければ、7人の優秀な研究者が路頭に迷うという証拠を見せられ、動揺したのかもしれない。やくざまがいの恫喝、真に迫った哀願、ぶらさげられた餌《えさ》、そして大学の危機を救うという大義名分。このどれか一つでも、仲間を裏切る十分な理由になった可能性がある。下っ端《ぱ》助教授ですら、「ヒラノは民青だ」という中傷ビラをまかれたり、車のタイヤをカッターで切りつけられたりしたくらいだから、海部教授はそれを上回る脅迫を受けたに違いない。

気が付いてみれば、ヒラノ助教授は余りにも多くの時間を無駄にしていた。〝モーレツからビューティフルへ〟というキャンペーンがあったが、ヒラノ助教授の勤務状態は、モーレツ・サラリーマンを凌駕《りょうが》していた。ところがその中身といえば、半分が教育と雑用、そして残りの半分は会議と学内政治である。学内闘争に翻弄《ほんろう》され、生命の危険にまでさらされたヒラノ助教授は、八方塞《ふさ》がりの状況に置かれていることに気づくとともに、これから先「万年助教授」の闇《やみ》の中を歩いていかなくてはならないのかと考え、暗澹《あんたん》たる気持ちになった。

7人のポストは失われた。4月になれば、物理帝国の兵士たちが計算機科学科に進駐してくる。電子工学の専門家であれば、ハードウェアの講義くらいはできる。また物性論の専門家が、計算機素子の授業を担当することもありうる。しかし、カリキュラムを大幅に変更しない限りは、このような人は2人でも多すぎる。

もう抵抗してもはじまらない。こうして、急遽《きゅうきょ》カリキュラム改訂を行うことがきまった。結局、物理帝国は満額回答を手にする一方、ソフトウェアとアプリケーション分野の研究者は、当初計画の半分に減った。こうして、世界に冠たる「ソフトウェア科学の世界的拠点構想」は完全に崩壊したのである。

世界規模の情報革命が進行する中で、日本のソフトウェア産業とソフトウェア科学は、いまやアメリカに決定的な差をつけられてしまった。これから先いかに頑張っても、この差を取り戻すことは難しいだろう。

ハードウェア重視戦略の日本は、〝ものづくり〟でアメリカに勝利した。しかし新興国の追い上げで、ものづくり王国は危機に瀕《ひん》している。危機を乗り越えるための方策として、IT立国や金融立国を提唱する人もいるようだが、〝足腰が弱ってきたうえに、アタマが野暮ったい日本〟が、この分野で食べていく道は険しい。

東京大学の纐纈《こうけつ》名誉教授には、「あんな陸の孤島に、〝ソフトウェア科学の世界的拠点〟ができると信じたお前は、よくよく人がいいな」と言われてしまったが、もしあのプロジェクトが成功していれば、IT立国もありえたかもしれないと思うにつけ、その構想が瓦解する現場に立ち会ったヒラノ教授は、慙愧《ざんき》の念に堪えないのである。文部省を欺き、ソフトウェア科学を粉砕した、〝国家的陰謀〟の現場に居合わせ、〝血みどろ〟になったぽっと出の助教授は、その後4年にわたって、心身症に苦しめられた（文系読者の中には、この程度のことに〝血みどろ〟という言葉を使うのは穏当でない、と思う人がいるかもしれないが、これは語彙《ごい》が乏しい大学勤めエンジニアの間では、しばしば耳にする表現である）。

東京工業大学に移籍した後、ヒラノ教授は、この記憶に蓋《ふた》をして過ごした。あれは、筑波という特殊な大学での出来事であって、東工大のような歴史のある大学では起こり得ないことだ、と考えるようにしたのである。

ところが、それから30年後の2011年、ヒラノ教授は、新学科を作るにあたって協力を求められたグループが、領土割譲を要求するケースは珍しくない、ということを知った。1960年代半ばに、東工大に土木工学科が新設された際に、協力を求められた建築学科のドンが領土要求を行わなかったことが、〝稀《まれ》にみる美談〟として語り継がれていることが、その証拠の一つである。

尖閣《せんかく》諸島や竹島をめぐる紛争同様、工学部の領土争いも、一致団結してガードを固めなければ、命がけで攻めてくる敵には勝てないものなのである。

12　キャンパス殺人事件

中大教授刺殺される

２００９年1月14日の朝、ヒラノ教授はいつもの通り7時少し前に出勤し、夜のうちに届いたメールをチェックした。

夥《おびただ》しい数のジャンク・メールの中に、4ヶ月前に投稿した論文の審査報告を見つけたヒラノ教授は、〝レフェリーの意見を参考にして、少々修正したうえで再投稿されたし〟というメッセージを読んで、予定していた仕事を後回しにして、修正作業に取り掛かった。

3時間ほど仕事を続けた後、冷え切った体を紅茶で温めていたところに、パトカーのピーポー・ピーポーが聞こえてきた。いつもならゲートの前を通り過ぎる音が、珍しくキャンパスの中に入ってくる。するとそれに続いて、2台目、3台目がやってきた。窓を開けて下を見ると、隣の建物の前に4台のパトカーが止まっていた。

工学部というところは、しばしば火災を起こす。酸素や水素のボンベが並んでいる化学実験室で、学生がうっかり煙草《たばこ》に火をつけた途端にドカンと来るのだ。たいていは、消防車が到着したときには火は消えているが、時には派手な放水でフロアーが水浸しになることもある。8年前まで勤めていた東工大は、消防署や商店街の厄介者だった。

東工大時代のヒラノ教授のオフィスは、大学中で最も危険だと言われている応用化学科と、それ以上に危険だと囁《ささや》かれている機械系学科に囲まれていた。

赴任当初は火災報知機が鳴るたびに、大慌《おおあわ》てで部屋を飛び出し階段を駆け降りたが、10回中9回は誤作動だった。

しばしば誤作動を起こす警報機には退場していただきましょう——。こう考えた誰かがスイッチを切った。火事が起きるのは、このようなときである。

ある日警報が鳴らないのに、ドアの隙間《すきま》からきな臭い煙が入り込んできた。次いで騒がしい人声。部屋から飛び出すと、エレベーター・ホールの向こう側に、白煙が立ち込めている。3階の化学実験室で、本格的火災が発生したのだ。このときは何台もの放水車がやってきて、3階から下は水浸しになった。

火災が発生したときに責任を問われるのは、出火元の〝火元責任者〟である。ちなみにヒラノ研究室の火元責任者は、何年も前に退職した名誉教授である。ひとたび指名されたら百年目、大学をやめたあとも責任者のままなのである。

このときの〝大火事〟の火元責任者は、応用化学科のプリンスと呼ばれるM教授だった。まだ現役だったM教授は、消防署から始末書を取られたはずだ。

話を中大に戻そう。

消防車は見慣れているヒラノ教授だが、中大で4台ものパトカーを見るのは、これが初めてである。いったい何が起こったのか？　パトカーのわきに立っていた事務職員の説明は、大略以下のようなものだった。

1号館4階のトイレで、電気電子情報通信工学科の高窪統教授が、血だらけになって倒れていた。すぐに救急車で病院に運ばれたが、既に脈はなかったという。10時40分に始まる2時限目の講義の前に立ち寄ったトイレで、待ち伏せしていた犯人に、刃物でめった刺しにされたのである。傷の状態からして、犯人は教授に強い殺意を持っていたものとみられる。

広島大学・学部長刺殺事件

この話を聞いた時、ヒラノ教授は、（第2章で紹介した）スタンフォード大学のハンマー殺人事件と、25年前の広島大学事件を思い出した。

広島大学事件とは、1987年7月に学部長を務める有力教授が、学部長室で何者かに刺殺された事件である。刺し傷の凄《すさ》まじさから、この時も学部長に深い恨みを抱く者の犯行と推定された。

数ヶ月後に逮捕されたのは、当時44歳のM助手だった。この人は広島大学で博士号を取得した後、17年間にわたって助手を務めていたが、かねて学部長との折り合いが悪く、よその大学に転出するよう勧められていたという。

しかし、母校・広島大学に対して強い愛着を持っていたこの助手は、専門が同じ教授が間もなく停年を迎えるので、助教授昇進を期待していた。ところがそのポストを手にしたのは、専門が違う学部長の教え子だった。

44歳と言えば、順調にいっていれば、そろそろ教授の椅子《いす》が見えてくる年齢である。17年間も学科のために尽くしてきたのに、他大学出身の年下の若者にポストを奪われたとなれば、その口惜《くや》しさは並大抵ではない。

助手という身分は、まさにピンからキリである。ひとかどの研究者として処遇されている人がいる一方で、教授の雑用ばかりやらされている人もいる。順調な人は、3年から5年で専任講師または助教授に昇進し、研究者社会の階段を上っていく。

ところが40歳の大台を超えると、声がかかりにくくなる。高齢助手は、問題含みの人だと思われてしまうのである。中には54歳まで頑張って、助教授、教授を経て3年後に学長にまでなった人もいるが、これは例外中の例外である。

不幸な高齢助手を何人も見てきたヒラノ教授は、「教授の最も大事な仕事は、助手の就職先を見つけることだ」という先輩教授の言葉に、70％同意する。

万年助手が学部長を刺殺した事件は、全国の大学関係者に大きな衝撃を与えただけでなく、広島大学のイメージダウンにつながった。今回の場合、もし中大関係者が中大教授を殺したのだとすると、週刊誌があることないことを書きまくり、大学のイメージダウンにつながるのではないか。

高窪教授

高窪教授と同じ1号館にオフィスがある教員・学生・事務職員は、全員指紋を取られたうえに、厳しい尋問を受けた。別棟に住んでいるヒラノ教授は、その日は捜査の対象にならなかったが、犯人が捕まらなければ、いずれ尋問を受けることもあるのではないか。

昼のニュースでこの事件が報じられた後、2人の友人からお見舞いのメールがやってきた。午後になると、捜査の障害になるという理由で授業はすべて中止になり、1号館の住民以外はキャンパスから退去するよう指示が出た。ゲートの前には数十人の報道陣が集まっていた。差し出されたマイクの列を振り払って家に戻り、テレビをつけると、ヘリから見下す中大キャンパスが映し出されていた。

中央大学理工学部には、100人余りの教授がいるが、日常的に言葉を交わすのは、同じ学科の同僚と、専門に重なる部分がある人だけである。それまで8年間の中大生活で、ヒラノ教授が個人的に話をしたことがあるのは、せいぜい40人である。高窪教授は情報技術の専門家だから、ヒラノ教授とは接点がない。

ところが前年の秋に1回だけ、この人と雑談を交わしたことがあった。健康診断の日に早めに列に並んだところ、すぐ後にこの人がやってきたのだ。

「おはようございます。電気電子の高窪です。2時限目の講義に引っかからないように、早めに出てきましたが、先生もお早いですね」

「体重測定があるので、昨日の朝から何も食べていないんです。早く終わらせて、何か食べたいと思いましてね」

「健康に問題がおありなんですか？」

「この歳《とし》になって何もなければ異常です。実は昨年メタボ検診に引っかかって、看護師さんに3キロ減らすように約束させられましてね」

「うまくいきましたか」

「いやいや」

「この間Y先生に勧められて、先生がお書きになられた、『役に立つ一次式』を拝読させていただきました。面白い本をお書きになりましたね」

「Y先生には、過分なおほめを頂戴《ちょうだい》しましたが、なかなか売れないので苦労しています」

「学生にはよく読まれているようですよ。この間私の研究室の学生に勧めたところ、もう読んだと言っていました」

「それは嬉《うれ》しいですね。でも出版後3年近くたっているのに、初版2300部がまだ売れ残っています」

ちなみに、〝本邦初の応用数学ドキュメンタリー〟と銘打ったこの本は、Y先生のような数理工学者には熱狂的に迎えられたが、純粋数学者の拠点であるこの出版社は、応用数学ドキュメンタリーを継子扱いした。

3年後に2300部を売りきったところで、危うく絶版になるところだった。かろうじて200部増し刷りされたのは、ヒラノ教授の涙ぐましい努力の賜物《たまもの》である（この屈辱的事件については、いずれまた機会を改めて書くことにしよう）。

「理工系の本は売れないですね。先生は金融工学の第一人者と伺っていますが、どのような研究をやっておられるのでしょうか」

「20年以上もやっているので、そう呼ぶ人もいますが、いまや第一人者どころか、相撲部屋の親方のようなものです」

「相撲部屋の親方？」

「若い弟子に号令をかけるだけで、自分は相撲を取らないという意味です。昔々上智《じょうち》大学の渡部昇一教授が、同僚の理工学部教授を評して言った言葉です」

「さすがにうまいことをおっしゃいますね。渡部先生には、学生時代に教わったことがあります。僕は、上智大出身なんです」。上智大出身の中大教授は、この人だけではないだろうか。

「それは貴重な経験をされましたね。さっきの質問ですけど、金融工学を一言で言えば、〃将来の不確実なキャッシュフローの計量と制御〃だというのが私の持論です」

「キャッシュフローの計量と制御ですか。面白そうですね」

「でもエンジニアの間では、評判が良くないんですよ」

「電気の連中は、好意的ですけどね」

エンジニアの多くは、金融という言葉にアレルギー反応を示す。その中で電気関係者が金融工学に好意的なのは、キャッシュフロー、すなわちお金の流れが、電流や信号の流れと類似性があるからだろう。

この会話を通じて得た高窪教授の印象は、テレビで報道されているとおり、人の恨みを買うような人ではないということだった。

迷宮入りか

初動捜査のまずさが祟《たた》ったため、犯人はなかなか捕まらなかった。もし当日目撃された30歳前後・ニット帽・黒いコートの男が犯人なら、手口の残忍さからして、教授に強い恨みを持つ学生もしくは研究仲間、あるいはプロの殺し屋ではないか――。テレビに登場する犯罪専門家（東工大時代の同僚）は、そんなことを言っていた。

数日後、大学近辺のビルのトイレで、血が付いた黒いコートが発見されるに及んで、外部から侵入した30歳前後の男が犯人だとする説が有力になった。捜査に協力した大学当局には、警察から様々な情報が提供されているはずだが、ヒラ教授には何も伝わってこなかった。

初めのうちは、センセーショナルな記事を書きまくった週刊誌も、1ヶ月後には賞味期限切れの事件を取り上げなくなった。このころになると、大学の中でこの事件が話題になることは少なくなった。

高窪研究室に所属していた学生は、よその研究室に引き取られていったが、学部生はともかく、博士課程の学生にとって、指導教官の変更は容易ならざることである。運が悪いと、それまでの努力が水泡に帰すこともある。

事件当初、ヒラノ教授は入試に影響が出ることを心配したが、幸い志望者数は前年を上回った。連日テレビ中継された後楽園キャンパスの映像が、不謹慎ながら宣伝効果を生んだのかもしれない。中大理工学部が、八王子ではなく都心の一等地にあることを、この事件で初めて知った人も多かったのではないだろうか。

捜査当局が沈黙を続ける中、3月に入るとキャンパスでは、〝迷宮入り〟という言葉が囁かれるようになった。高窪教授の学部葬が執り行われたのは、このような時だった。

一度しか言葉を交わしたことがなかった人の葬儀に、講義を休講してまで参列するのはオークワードだが、たまたま何の予定もなかったヒラノ教授は、近々閉鎖されることになっているグランドプリンスホテル赤坂別館に駆け付けた。

６００人近い参列者の中で、ヒラノ教授と同じ学科に所属する人は、大学院研究科長という要職に就いているK教授だけだった。役付きでもない人が参列すると、警察にマークされるのではありませんか、と言われて周囲を見回すと、目つきの鋭い２人の男がこちらを見ていた。

理工系の研究者は、45歳でピークを迎えると言われているが、高窪教授はピークを迎えたところで生命を断たれたのだ。父親は元中大法学部教授、夫人は有力私立大学准《じゅん》教授を務めるという学者一家は、事件が起こるまでは、人もうらやむ幸せな生活を送っていたということだった。

事件から2ヶ月を経て、小学校に通う子供たちは元気を取り戻しているように見えたが、夫を失った妻と、息子を失った母親の姿が参列者の涙を誘った。

事件発生から4ヶ月余りを経た5月21日、富坂警察署に置かれた捜査本部は、28歳の元中央大学理工学部学生を逮捕した。高窪教授の遺体の爪《つめ》に残っていた犯人のＤＮ

Aと、被疑者のDNAが一致したのが決め手になったという。

犯人は、かつて高窪教授の卒業研究指導を受けたことがある学生で、大学院を目指したが、教授から就職を勧められ大手食品会社に就職するも、1ヶ月で退社。その後電子機器メーカーに勤めたが、1ヶ月で試用を打ち切られている。また3つ目の会社も、すぐにやめている。

思い込みの激しい性格が災いして、仲間に溶け込むことができず、いつも孤立していたという。仕事がうまくいかないのは、高窪教授の指導が悪かったせいだと思い込み、卒業後も何かと相談に乗ってくれた教授を逆恨みしたのだ。かつての仲間たちは、事件が起こったときすぐにこの男を思い出したということである。

親切にしてあげた学生に逆恨みされるのは理不尽なことだが、これはよくあることなのだ。

教授が学生に対して、嫌がらせや暴力行為を働くのがアカハラだとすると、学生が教授に対して嫌がらせや暴力行為を働くのは、〝逆アカハラ〟と呼ぶべきものである。

博士課程の学生が、指導教授をハンマーで殺害した事件を知って以来、ヒラノ教授は逆アカハラ事件の被害者にならないよう、細心の注意を払ってきた。研究室で出入口に後頭部を向けて座らないのはその一例にすぎない。

工学部に入る学生は、総じてまともな人たちだが、〝アブナイ〟学生がいないわけではない。教室の最前列でヒラノ教授を睨《にら》みつけている学生、紫色の髪と黄色い眼鏡の学生、S.O.Bという文字（これが何を意味するかを知りたい方は、英和辞典で調べて下さい）入りのTシャツ男、試験で落第点をつけたら、外国人差別だと怒鳴りこんできた中国人留学生、などなど。

こういう学生とは距離を保ちたいものだ。しかし、運悪く卒業研究でヒラノ研究室を志望したら、拒否することはできない。

アブナイ学生とは、なるべく刺激しないように付き合う必要があるが、優しくして、もう2年間大学院で付き合わされたら最悪である（アブナイ学生でも、大学院入試に合格すれば、誰かが指導教官を引き受けなくてはならないから、学生に指名されたら拒否しにくいのである）。

犯人の元学生が大学院を志望した時、高窪教授が就職を勧めたのは、なんとなくアブナイものを感じたのではなかろうか。しかし心優しい高窪教授は、卒業後も元学生を見捨てなかった。そしてその優しさが仇《あだ》になったのである。

東工大時代に、国際政治学の大家であるN教授に捨て子にされた機械工学科出身の学生が、「あいつのせいで一生を棒に振った。殺してやりたい」と言っているのを耳にした時は、そう言いたい気持ちも分かると思ったが、どこをひっくり返しても、高窪教授に落ち度は無かった。

研究者としてピークを迎えたところで、学生に逆恨みされて命を絶たれた高窪教授のご冥福《めいふく》を、心からお祈りしたい。

13 原発事故

キリスト教圏で忌《い》み嫌われている第〝13〟章は、「東電・福島第一原発事故」である。当初は12章までで終わりにする予定だったが、草稿を読んでもらったエンジニア仲間から、「事件ファイルを名乗りながら、この大事件を取り上げなければ、羊頭狗《ようとうく》肉《にく》と言われるだろう」という意見が寄せられたので、急遽《きゅうきょ》取り上げることにした。

1000年に1度の大地震

2度目の定年を目前に控えた3月11日の午後、ヒラノ教授は築30年の建物の10階にある研究室の片付けをやっていた。1000冊以上あった蔵書は、特別に愛着があるものを残してほとんど処分した。残るのは、机の上と引き出しの整理だけである。

一息入れようと思って、紅茶を飲んでいた時に襲ってきたのが、あの大地震である。

初期微動を感じて腰を浮かせたヒラノ教授は、その後の大揺れに、東海大地震が起こったのではないかと考えた。

12階建ての建物は、しばらく前に耐震チェックを受けたが、検査の結果は公表されなかった。この時、何か問題があるからではないかと囁《ささや》かれたが、建築に詳しい同僚は、「1回なら震度6に耐えられても、2回目はどうでしょうね」と言っていた。

ヒラノ教授は、「1回目だから大丈夫」と自分に言い聞かせながら階段を駆け降りたが、血圧が急上昇して目が回った。

大学がある後楽園は、JR中央線と4本の地下鉄が走っている便利なところである。しかし電車はすべて止まっていたので、ただ一つ動いていた都営バスで途中まで行き、4キロほど歩いて東京スカイツリーのすぐそばにある家に戻った。

家の中は全く変わりがなかったので、一安心してテレビをつけたところ、映し出されたのは、津波に襲われた原子力発電所である。

マグニチュード9の大地震が引き起こした大津波で、すべての電源が失われたため、原子炉が制御不能状態に陥った、という東電の発表を聞きながら、46年前に原電・東海発電所を見学したついでに、東電・福島第一原発の建設予定地を見に行った時のことを思い出した。

当時は何もなかった海岸に、6つの原子炉が並んでいるのだ。〝リスクは分散すべし〟がモットーである金融工学者は、〟なぜ同じところに、こんなに沢山の原子炉を並べたのか！〟と疑問を感じた。多くのエンジニアも同じことを考えたはずだ。

〟世界最強エンジニア集団〟の一員であることに誇りを抱いてきたヒラノ教授は、つねづね原発に対する不安を口にする人たちに対して、「日本の技術者は世界で一番優秀ですから、チェルノブイリのような事故は起こりません」と言い続けてきた。いい加減な気休めを言っていたわけではない。この発言には、事実に基づく確信があった。

優秀だった原子力エンジニア

スプートニク・ショック直後の理工系ブームの中で、〟数学が嫌いではない〟というだけの理由で理工系大学の門をくぐったヒラノ青年は、ピカピカのエンジニア集団に囲まれ、これらの人と競争しても勝ち目がないことを悟った。

彼らと競合せずに済むには、どうすればいいのか。運よく見つかったのが、〟数学的手法を使って、個人・組織・社会の問題を解決する学問、ＯＲ（オペレーションズ・リサーチ）〟である。これは、〟理でも工でも文でもない〟ヒラノ青年にフィットする、工学部でただ一つの研究テーマだった。

しかし、ヒラノ青年はORの専門家になる前に、3年にわたって原子力発電に関わる機会があった。修士課程を出て就職した「電力中央研究所」で、原子力発電研究室に配属されたからである。与えられた仕事は、原子力発電の経済性評価である。

原子力のゲの字も知らない男に、経済性評価などできるわけがない。そこで、5ヶ月に及ぶ原子力工学講習会に参加した。電気・機械・物理・化学のすべてにまたがる原子力工学は、電気も機械も苦手なヒラノ青年には最も向かない分野だった。

ところが、5ヶ月の講習で一通りの知識を吸収したはずだと思った上司は、自分が幹事を務める日本原子力学会の「高速増殖炉専門委員会」の書記役を命じた。この結果、ヒラノ青年は2年にわたって、本物の原子力エンジニアとお付き合いすることになったのである（福島第一原発の建設予定地を見学に出かけたのは、このころである）。

委員会のメンバーは、機械・電気・化学などから転進した人も、また新設された原子力工学科を出た人も、新技術に命をかける優秀な人たちだった。ここで知り合った技術者の中には、「原子力委員会」の委員長を務める近藤駿介氏や、「原子力研究所」の理事長を務めた齋藤伸三氏らがいる。

なお、彼らが所属していた東京大学・原子力工学科が、初めて卒業生を送り出したのは1965年であるが、理科1類の学生たちの間で、当時最も人気が高かったのはこの学科である。

高速増殖炉専門委員会の仕事は、夢の原子炉と呼ばれていた「高速増殖炉」のフィージビリティー・スタディー（実現可能性検証）である。

燃料としてウラン235を使う軽水炉だけではいずれ行き詰る。低価格の天然ウランの埋蔵量に限りがあることと、燃えカスの中に含まれるプルトニウムをどうするか、という難問を抱えていたからである。

ここで期待を集めたのが、軽水炉から回収したプルトニウムや、埋蔵量が多いウラン238を燃料として使う「高速増殖炉」である。1980年代末までにこの原子炉が完成すれば、ほとんどの問題は解決されるはずだった。

炉心冷却材として、水の代わりに摂氏600度（！）の液体ナトリウムが使われると知って腰が引けたが、一流技術者が安全性に問題はないと言っているからには大丈夫だろう――。

このまま行っていれば、ヒラノ青年は原子力の世界で一生を過ごすことになっていたかもしれない。しかし3年目になって、勤め先から米国留学を命じられたのを機会に、（恐ろしい）ナトリウムやプルトニウムとは無縁な、ORの世界に戻った。

Choice Among Lesser Evils

ところが、その後も原子力との縁は切れなかった。1974年から1年間にわたって、ウィーンに新設された「国際応用システム分析研究所（IIASA）」で、鈴木篤之東大助手（数年前まで班目春樹教授の前任者として、「原子力安全委員会」の委員長を務めていた人である）らとともに、原子力発電の役割について研究することになったのである。

この研究所の目玉は、原子力界の帝王と呼ばれたウォルフ・ヘッフェレ教授（カールスルーエ研究センター長）が率いる「エネルギー・プロジェクト」である。

ここに集まった1ダース余りの研究者の共通認識は、"Choice Among Lesser Evils"だった。〝石炭・石油などの化石燃料も原子力も、様々な問題点を抱えている。しかし、太陽光や地熱などの自然エネルギーは、当分の間産業文明を支えるものになりえない。したがって当面は、悪いものの中からより悪くないものを選択せざるを得ない〟ということである。

原子力は、油断すれば暴れ出す可能性がある evil な存在である。このことを熟知しているエンジニアは、虎《とら》使いが虎に対するように、最大限の注意を払って原子力と向き合っていたのである。

ここでのヒラノ青年の任務は、ヘッフェレ教授が提案したエネルギー・モデルを検証する作業だった。

このモデルは、〝化石燃料、水素、高温ガス冷却炉、軽水炉、増殖炉などをどのように組み合わせれば、今後75年間の需要を賄《まかな》うための、最も経済的なエネルギー供給システムを組み立てることができるか〟を調べるためのものである。

ヘッフェレ教授が導いた結果によれば、〝2010年時点でベストな組み合わせは、化石燃料が約50％、軽水炉が約10％、そして高速増殖炉が約30％〟というものだった。ヒラノ青年は、前提条件を変更した時に、この結論がどう変わるかを調べるよう依頼されたのである。

3ヶ月かけた検証の結果は、〝条件次第で結果は変化するが、高速増殖炉30％は変わらない〟というものだった。つまり2012年には、多少条件は変わっても、総発電量の30％が〝夢の原子炉〟から生み出されているはずだったのである。

ところが、その4年後に起こったスリーマイル島事故と、11年後のチェルノブイリ大事故によって、原子力に強い向かい風が吹いた。この結果、米・英・西独などの諸国は、技術的難点を抱える高速増殖炉の開発を凍結した。

折から世界各地で、天然ウランの鉱脈が次々と発見され、当分の間軽水炉だけでやっていけそうだということが分かった。高速増殖炉が実現されなければ、プルトニウムの行き場がなくなるが、プルサーマル（プルトニウムを軽水炉で燃やす方式）もあるし、地下深いところに埋めてしまえば何とかなるだろう――。これが当事者たちの判断だったのである。

この後世界各国は、Lesser Evil である軽水炉に頼ることになるのであるが、目覚ましい革新を続ける電子・情報・材料・バイオ技術などに比べて、原子力技術は夢のある先端技術の座から、巨大な不人気技術に転落してしまった。

学生が集まらなくなった東京大学原子力工学科が、「システム量子工学科」と名前を変えたのは、90年代はじめのことである。

原子力事故は起こらないという神話

この当時、金融工学の旗を振っていたヒラノ教授は、柏崎《かしわざき》原発の近所に親戚《しんせき》が住んでいる秘書から、原発の安全性に関して度重ねて質問を受けた。そのたびにヒラノ教授は、「日本の原子力技術者は（他の分野の技術者同様）とても優秀だから、チェルノブイリのような事故は決して起こりません」と言い続けてきた。

あれだけ優秀な人たちが命をかけているのだから、彼らが心配ないと言っている以上はそうなのだろう、と信じていたのである。

ところが今エンジニアたちの間で、〝原子力エリートは、競争のない原子力村の中で、これまで事故が起こらなかったのをいいことに、原子力がevilな存在であることを忘れて、油断したのではないか〟という疑惑が渦巻いている。

また、原子力安全委員会の委員長代理を務めた住田健二大阪大学名誉教授らは、自らの責任を認める記者会見を行っている。

かつてあれほど優秀だったエンジニアが、国会の証人喚問を受けている姿を見て、自分が批判されているような気持ちになったヒラノ教授は、今はただ秘書に、そして避難を余儀なくされた地元の人々に頭《こうべ》を垂れるばかりである。

エンジニアと1000年に1度の事故

事故のあと、多くの人がさまざまな立場から、あらゆることを語った。ところが1年後の今も、着地点が見つからないばかりか、国論は二分され、〝原発絶対反対〟の声が、〝少なくとも当面は原発に頼らざるを得ない〟という現実派の声をかき消そうとしている。

ヒラノ教授の友人の間でも、事故のあとネット上で様々な意見が飛び交った。さすが元一流のエンジニアだけあって、彼らの意見は含蓄に富んでいた。しかし（いつものことながら）、一般エンジニアの意見がメディアで取り上げられることはなかった。

この文章は、その中の数少ない例外、すなわち一般エンジニアの意見を踏まえて、ヒラノ教授が『新潮45』２０１１年8月号で書いたものに加筆修正を施したものである。

今回の事故に際して、しばしば〝想定外の〟という言葉が飛び交った。想定外の大地震、想定外の大津波、想定外の電源喪失……。この言葉を聞いたヒラノ教授は、３年前のリーマン・ショックを思い出した。責任を追及されたＦＲＢのグリーンスパン前議長が、１００年に1度の〝想定外の〟出来事だと弁明したあれである。

ところが100年に1度の事件が起こる2年前から、金融（工学）の専門家たちは、大きな危機が迫っていることを警告し続けていた。グリーンスパン前議長がこの警告を無視したのは、技術者たちを軽視していたことと、バブルをつぶすことに伴うコスト（強欲投資家の反撃）よりも、破裂したバブルを収拾するコストのほうが安くつく、と思っていたのが原因である。

ところが、この思惑は外れた。リーマン・ショックは〝想定外の〟ドミノ現象を引き起こし、世界経済に大きなダメージを与えた。魔術師・グリーンスパンの名声は地に落ちたが、それで死んだ人はほとんどいなかったし、米国はその後まもなく危機を克服した（ということになっていた）。

このあと金融機関は、リスクについてそれまでよりずっと慎重になった。ある金融機関の経営者は、「これからは、1000年に1度の危機にも対応できるシステムを作らなくてはならない」と檄《げき》を飛ばした。

この言葉を耳にした（ヒラノ教授を含む）金融技術の専門家は、技術を知らない人の発言に仰天した。そもそも100年余りの歴史しかない金融ビジネスにおける、〝1000年に1度の危機〟とは何を意味するのか。またそのような事態に対応するには、どれだけのコストがかかるか分かっているのか。

いくらコストをかけてもいいのであれば、エンジニアは（もし必要なデータが手に入れば）チャレンジするだろう。しかし、100年に1度の大洪水に対応するための、〝スーパー堤防建設工事〟が事業仕分けにあったことが示すように、人々は（事故が起こるまでは）滅多に起こらない事故に対する巨額の出費を容認しないのである。

われわれORの専門家の間では、〝普通の人間〟は、100万分の1以下の確率でしか起こらない事故は、たとえそれが生命に重大な危機をもたらすものであっても無視する、というのが定説になっている。

自動車事故で死ぬ人もいるし、階段から転落して死ぬ人もいる。このような、〝想定外の〟事故にあって死ぬ人が日本で年に5000人いるとすれば、1年の間に自分が死ぬ確率は2万分の1程度である。お金をかければ、これを100万分の1に減らすことができるとしても、そこまでやる必要はないと考えるのが普通の人なのである。

原子力発電のように、ひとたび事故が起これば100万人単位の人間に影響が及ぶ場合は、一個人の基準で判断するわけにはいかない。しかしどれほど安全基準を厳しくしても、またどれだけお金を掛けても、事故が起こる確率をゼロにすることは出来ないのである。

したがって、〝100％の安全が保証されれば、原発を再稼働《かどう》してもいい〟と言うのは、〝何があっても再稼働反対〟と言うのと同じことである。

大地震が来ることは分かっていた。電力会社は震度6強の地震が来ても耐えられる耐震設計を行った。女川《おながわ》原発や福島第二原発が無事だったことからすれば、耐震対策は効果があったと言えるだろう。

しかし震源地がより陸地に近ければ、〝想定外の〟揺れで壊れていたかもしれない。相手が自然である以上、想定を上回る事象が発生する可能性は常に残るのである。

一方の津波対策は、ＩＡＥＡが指摘する通り極めて甘かった。実際技術者たちは、より高い場所に予備電源を設置すべきだと主張していたし、「原子力安全基盤機構」の技術者は、〝15メートルの津波が来ればすべての電源が失われ、１００％の確率で炉心溶融が起こる〟という報告書をまとめている。

これらの報告を無視した経済産業省と東電は、厳しい批判を浴びた。技術者が発した警告を企業経営者や為政者が無視したのは、金融危機の時と同じである。

ジャーナリズムでは、いま原発の是非について激しい論議が交わされている。初めから原発に反対していた人や、自ら原子力にタッチしなかった人が、声高に原発廃止を叫ぶ一方で、産業界や政治家は原発の存続を望んでいる。

原発の黎明《れいめい》期に、エネルギー問題の専門家が、原発を evil な技術だと考えていたことからすれば、もしより良い技術が存在していれば、それが選択されていたはずだ。したがって、再生可能なエネルギーが原子力の代わりになるのであれば、evil な技術には退場していただくべきだろう。

再生可能エネルギーについては、楽観的な見通しを振りまく〝専門家〟もいるようだが、いくらお金をつぎ込んでも、少なくとも当分の間は、新エネルギーが原発の代わりになることはあり得ない。

原発がなければ石油や天然ガスに頼るしかないが、石油の供給に不安があったからこそ、Lesser Evil に頼らざるを得なかったのである。その状況は今も変わらないばかりか、一層悪化している。

原発なしでは、事故以前の経済水準を保つことはできない。原発を廃止した時に、日本社会にどのような影響が及ぶのか（われわれがどのくらい貧しくなるのか、そして人々はそれに耐えられるのかなど）に関するデータを持たずに、安直な原発廃止論に与《くみ》することはできない。

新エネルギーに関する最も楽観的な見通しと、原発に関する最も悲観的見通しのもとに、即時原発廃止を叫ぶのは、バランスを欠いている。新エネルギーも原発も、ともにリスクを内包しているのだ。

食べるものが乏しく、電気が来ない夜を過ごした昭和15年生まれのヒラノ老人は、日本が現在よりずっと貧しくなったとしても、元に戻っただけだと思えば済むが、豊かな時代に育った人たちが、そのような貧しさに耐えられるとは思えないのである。

原発がない日本は、〝清く貧しい〟国になる可能性が高い。〝清く貧しい日本〟と、〝清くはないが豊かな日本〟のどちらがLesser Evilなのだろうか。

不確実な情報が錯綜《さくそう》する中で、性急に国家の将来に関わる重大な決定を下すのは、余りにもリスキーだというのが、OR（意思決定理論）の専門家としてのヒラノ教授の意見である。

もう一つ大事なことは、〝仮にいま原発全廃が決まったとしても、原子力発電所は残る〟という事実である。発電所が残れば、それをメンテナンスする人が必要である。この仕事には、高度な専門知識が必要である。しかも期間は数十年単位である。

工学部では、これから先も、このような仕事に携わる人を育てていかなければならないわけであるが、原発全面廃止が決まれば、原子力工学に優秀な人は集まらなくなる。

読売新聞（2012年5月4日）によれば、東工大の大学院・原子核工学専攻の説明会に参加した学生の数は、例年の10分の1だったそうだし、日本原子力産業協会が実施している講習会の参加者も、2011年度の4分の1に過ぎないと言う。

このまま推移すれば、原子力技術の継承は難しくなる。日本社会が、仮に原発廃止を選択するとしても、保守や廃炉作業を外国人に頼るのは、極めてリスキーかつ無責任ではないだろうか。

新・工学部の教え7ヶ条

金融危機が起こったとき、ヒラノ教授をはじめとする（金融）技術者は、世間から激しいバッシングを浴びた。しかし今回の事故について、（原子力）技術者に対する批判は軽微なものである。むしろ海外メディアは、東電の経営者や経済産業省、そして政治家を批判しても、現場（この中にはエンジニアも含まれている）はよくやっていると称賛している。

工学部の中心から外れたところから、40年にわたって一流モノづくりエンジニア集団を見続けてきたヒラノ教授は、『工学部ヒラノ教授』の中で、彼らを律する「工学部の教え7ヶ条」なるものを紹介した。

その第2条の〝一流の専門家になって、仲間たちの信頼を勝ち取るべく努力すること〟に続いて、第3条には、〝専門以外のことには、軽々に口出ししないこと〟とある。

その意味するところは、〝専門家にとって大事なものは、専門家の評価（だけ）である。また電気工学であろうが、機械工学であろうが、一流の専門家は（自分たちがそうであるように）自らの専門に命をかけているのだから、専門知識がない人は軽々しく嘴《くちばし》をはさむべきではない〟ということである。

ところが80年代半ば以来、ソフトウェア特許問題や金融工学という、文と理の境界にある問題に取り組んだヒラノ教授は、法律や経済の専門家たちは、自らの専門に命をかけているとは限らないということを知った。

また今回の事故は、たとえ一流のエンジニアであっても、競争のない閉じた世界で暮らすうちに、自らの専門に対して忠実な存在ではなくなることを示している。

今回の事故の教訓は、エンジニアの教えの第2条に、〝専門家以外の言葉にも耳を傾けること〟を追加し、第3条を、〝専門以外のことにも目を向け、必要とあれば積極的に発言すること〟と変更する必要があるということではなかろうか。

カーマーカー特許裁判の際に、裁判長がヒラノ教授に向かって、「発言しない技術者は存在しないも同然だ」と言い放ったことが示すとおり、発言しないエンジニアは無視されるのが常である。

また数年前、特許紛争を扱う「知財高裁」（知的財産高等裁判所）を設立するにあたって、〝技術的案件を裁くには、法律家だけでなく技術の知識を持つ「技術判事」が必要だ〟という産業界やヒラノ教授の主張も、実現寸前のところで、法律家集団の強い反対によって葬《ほうむ》り去られてしまった。

政府は今回のような事故を防ぐために、「原子力安全・保安院」を経済産業省から独立させ、「原子力規制庁」を新設することを決めたが、今度こそ技術者の意見がより適切に反映される組織を作った上で、国民に対して信頼すべき「安全・保安」情報を発信するよう願いたいものである。

14　ＳＴＡＰ論文事件

ＳＴＡＰ狂騒曲

「理化学研究所」の「発生・再生科学総合研究センター」が、２０１４年１月に「ＳＴＡＰ細胞論文」に関する記者発表を行った時、日本中が沸騰《ふっとう》した。生物学とは畑違いの物理・数理系の専門家の間でも、〝すわノーベル賞か〟というメールが飛び交ったほどである。

この１ヶ月前に出した『ヒラノ教授の論文必勝法』（中公ラクレ）の中で、理系女子の活躍にエールを送ったヒラノ教授は、割烹着《かっぽうぎ》で実験する〝リケジョの星〟の出現に、やや違和感を覚えながらも拍手を送った。

ところがその後しばらくして、「ネイチャー」誌に掲載された論文に〝改竄《かいざん》・捏造《ねつぞう》〟があることが明らかになり、すったもんだの大騒動の末、半年後の7月に取り下げられた。著者の一人で、ES細胞の研究で世界的業績を上げた笹井芳樹博士が、52歳の若さで命を絶ったのは、その後間もない8月初めである。

このニュースを聞いたとき、ヒラノ教授は笹井博士に同情するとともに、52歳当時のわが身を振り返って、このような目に遭わずに済んだことを天に感謝した。

〝笹井博士には、これから先も研究を続けてほしかった〟という声もある。しかし順風満帆の研究生活を送ってきた研究者が、今回の事件で受けたダメージから立ち直るまでには、10年くらいの時間が必要だろう。ところがその頃には、60歳を超えている。

理工系の研究者の生産性は、45歳前後にピークを迎え、60代に入ると急激に低下するといわれている。このことを考えると、笹井博士の研究生命は、この事件によってほぼ絶たれたのである。

理論系の研究者

では、笹井博士のような傑出した研究者が、なぜこのような事件に〝巻き込まれる〟ことになったのだろうか。この問題を考えるに先立って、52歳当時のわが身を振り返って見よう。

このころのヒラノ教授は、40代後半に発見した2つの鉱脈を行き来しながら、毎年5〜6編の論文を書いていた。科学史に残る成果を上げたわけでも、大きな賞を受賞したわけでもないが、「金融工学」と「大域的最適化法」という分野では、わが国の第一人者と呼ばれるようになっていた。

大勢の研究者が協力して行う実験系の研究と違って、理論系の研究者は1人か2人、多くても3人で研究する場合が多い。時折、5〜6人が名前を連ねる論文を目にすることもあるが、そのようなケースは稀《まれ》である。

ヒラノ教授の場合、共同研究者は信頼すべき友人、同僚、大学院生に限ってきた。信頼を置けない人物から、共同研究者になってほしいと依頼されたこともあるが、やむを得ないケース以外はお断りした。信用できない人と共同研究はやらない。これが大原則である。

ヒラノ教授の専門である数理工学の研究は、通常、

1. 問題の発掘、2. 問題の定式化、3. 問題を解く方法の設計、4. 解法のプログラム作成と計算実験、5. 実験結果の分析。

という5つのプロセスからなっている（実験系の研究の場合は、上記の4と5の計算実験が、通常の実験に置き換わる）。

共同研究者は、それぞれ自分の得意な部分を分担する。しかし、それ以外の部分を完全に他人任せにするわけではない。ヒラノ教授の場合、（時間が掛る）プログラム作成を共同研究者に依頼することが多かったが、それ以外の部分については、どこをつつかれても大丈夫なように、細部まで気を配った。

研究者が陥る罠《わな》には、いろいろなものがある。まず単純な〝思い違い〟である。正しいと思ったことが間違っていた、ということは誰にでもある。1人で研究していると、間違いに気がつかず、時間を浪費することがある。しかし、優秀な同僚と協力すれば、最後まで気がつかないということはまずありえない。

研究というものは、先人の業績の上に成り立っている。ある結果を導く際に、信頼すべき研究者が発表した結果を、正しいものと前提して利用する。しかし、その結果が100％正しいとは限らない。

有名な例は、1993年に発表された、アンドリュー・ワイルズ教授（プリンストン大学）の「フェルマーの最終定理」に関する論文である。この定理を証明する過程でワイルズ教授は、ある専門ジャーナルに掲載された論文中に記載された定理を、正しいものと前提して援用した。ところが論文を書きあげたあと、この定理の証明に誤りがあることが明らかになったのである。

このためワイルズ教授は、1年がかりで証明を修復する作業を行っている。結果的に、定理そのものは正しいことが分かったから良かったようなものの、もし間違っていたら、7年間に及ぶ研究が無駄になったわけだ。

A級ジャーナルに掲載された論文にも間違いがあるくらいだから、C、D級ジャーナルに掲載された、どこの誰ともわからない人が書いた論文は、全く当てにならない。したがってA級研究者は、そのような論文には目もくれない。

数理工学の研究者は、自分ですべてのプログラムを書くと時間が掛るので、ある部分について市販のソフトやネット上に公開された無料ソフトを用いて計算することがある。ここで注意すべきことは、信頼性が高いソフトウェア以外は使用しないことである。評価が定まっていないソフトを使うと、出てきた答えが信用できないからである。

研究結果が出ると、共同研究者が集まって、すべてのプロセスに誤りがないことをチェックする。間違いがないことが確認されたら、他人に先を越されないように、大急ぎで論文をまとめて、しかるべきジャーナルに投稿する。

落とし穴

予想をはるかに上回る素晴らしい成果が出た時は、特に入念なチェックが必要である。40代後半から50代初めにかけて、ヒラノ教授はこのようなことを3回経験した。

はじめの2回については、丸々2週間かけて間違いがないことを確認したあと、信頼すべき同僚と協議を重ね、本当に正しいことを確信した上で論文を書いた。

3回目は、もし正しければ、数理科学界における最大の未解決問題：「P＝NP問題」にかかわる大発見である。〝この結果が正しければ、フォン・ノイマン賞とチューリング賞が手に入る〟。あり得べからざる結果を導いた（と思った）ヒラノ教授は、興奮のあまり呼吸が止まりそうになった。

〝しかし、このような結果が正しいはずはない。ではどこが間違っているのか?? 誰かに相談すべきか。しかし、あっさり間違いを指摘されたら赤っ恥だ〟。

眠れない夜を過ごした後、4日目になって推論の一部に穴があることが判明して大落胆したが、大恥を搔《か》かずに済んだ。学界の常識を覆《くつがえ》すような結果が得られた時は、特別に注意しなければならないという教訓である（この時受けたダメージが大きかったせいで、以後難問に取り組む意欲が減退した）。

い成果が得られた時には、大勢の研究者が集まる場所で、ショート・ノートを配布して発表を行い、研究成果の優先権を確保する。優秀な研究者の意見を聴取するこのプロセスは、絶対に欠かせない。（細かい）間違いを指摘されることもあるし、そこでの議論をもとに、研究成果を改良できる場合があるからだ。

論文投稿戦略

論文が出来上がると、これを専門ジャーナルに投稿する。ここで留意すべきことは、どのジャーナルに投稿するかである。審査が厳しいジャーナルに投稿すると、拒絶される確率が高まる一方、審査が甘いジャーナルだと、掲載されても誰も読んでくれないからである。

専門ジャーナルには、掲載論文の引用回数をもとにして計算された「インパクト・ファクター（略称ＩＦ）」という〝格付け〟がある。これは、〝前2年間に掲載された論文が、当該年度までに1編平均で何回他の論文に引用されたか〟を表す指数である。数あるジャーナルの中で最もＩＦが大きいのが、今回問題になった「ネイチャー」誌である。ＩＦは年々変化するが、２０１４年度のネイチャーのＩＦは、46・35である。

一方数理工学の分野では、最もIFが大きなジャーナルでも、その値は高々4・0程度である。これらの分野は専門ごとに細分されていて、物理学や分子生物学ほど多くの研究者がいないからである（なおネイチャー誌は、自然科学を対象とするジャーナルなので、数理系の論文は取り扱っていない）。

研究者は自分の論文を、なるべく多くの論文に引用してもらいたいと考える。引用回数が多い論文ほど重要性が高い、と考えられているからである。

多くの論文に引用されるためには、インパクト・ファクター（IF）が大きなジャーナルに掲載してもらうことが望ましい。しかし、これらのジャーナルには多くの論文が投稿されてくるから、掲載を拒絶されるリスクが高くなる（ネイチャーの採択率は10％程度、数理工学分野のA級ジャーナルの採択率は4分の1以下である）。

そこで研究者は、受理されそうなジャーナルの中から、最もIFが大きいものを選んで投稿する。拒絶査定を受けた時は、B級ジャーナルに投稿し直して、掲載にこぎつけるべく努力する。たとえB級でも、どこにも掲載されずに霊安室送りになるよりはましだからである。

A級研究者は、A級ジャーナルに掲載してもらうべく戦略をめぐらす。内容が正しいだけでは、掲載してもらえるとは限らないからである。タイトルの付け方、イントロダクションの書き方、先行研究に関する記述、論文の重要性に関する説得力がある説明、図表の書き方や写真の配列法、文献の引用法などに関するノウハウが必要なのである（このあたりのことについては、『ヒラノ教授の論文必勝法』に詳しく書いた）。

Ａ級ジャーナルで繰り返し拒絶査定を受けると、研究者は（激しく）落ち込む。どうすれば審査をクリアできるか。ここに待ち構えているのが、データや論文の粉飾・捏造・改竄という悪魔の囁《ささや》きである。

ヒラノ教授もスランプ時代に、何度かこの囁きを聞いた。その誘いに乗らなかったのは、数理系・理論系の論文の場合、第三者がチェックすれば、粉飾・捏造はすぐにばれてしまうからである。

たとえ粉飾や捏造がなくても、間違った結果をＡ級ジャーナルに発表すると、致命傷を負う。ヒラノ教授の知り合いの中には、間違った論文を発表して、研究者生命を絶たれた人が３人いる。

レフェリーの審査をくぐり抜けたとしても、インターネットでつながった研究者集団の目を逃れることは出来ない。数理系の研究は再現性が高いから、たちまち粉飾は明らかにされてしまうのである。

実験系の論文

ネイチャーのような、IFが大きいジャーナルに掲載された論文には、多くの人が目を通す。そして鵜《う》の目鷹《たか》の目で粗さがしをやる。また論文に提示された方法に従って追実験を行う人もいる。

追実験で同じ結果が得られれば、めでたし、めでたし。しかし、同じ結果が得られなくても、生物系の論文の場合は、個体差があるという理由で逃げ切れることもある。

2013年に文化勲章を受章した、分子免疫学の権威・本庶佑《ほんじょたすく》博士は、〝医学・生物系の論文の半数は、追試による検証に耐えない。5年後まで生き残るものは20％以下だ〟と言っている。

数理系・理論系の研究者としては信じられないような数字だが、この分野ではA級ジャーナルに掲載された論文も、疑ってかかる必要があるらしい。

そこで本題である「STAP論文」に話を進めよう。

この論文に名前を連ねたのは、8人の研究者である。小保方、笹井、若山、丹羽博士ら理研関係者が4人、東京女子医大の大和教授、チャールズ・バカンティ博士など、ハーバード大学関係者が3人という構成である。

グーグル・スカラーというサイトには、笹井博士の論文が100編以上リストアップされているが、その9割近くは5人以上の研究者との共著論文である。100回以上引用された40編あまりの論文の中には、20人が名を連ねているものもある（2002年に小柴昌俊博士がノーベル物理学賞を受賞した、スーパーカミオカンデのニュートリノ実験に関する論文には、100人以上の名前が並んでいた）。

つまり実験系の場合、8人という数字は特に多い方ではない。しかし、異なる研究機関に所属する多くの研究者が関与すると、共同研究者全員が集まって研究結果を検討する機会はない。

小保方博士らがネイチャー誌に投稿した論文は、度重ねて拒絶査定を受けている。そして、2012年末になって、実質的な研究にタッチしていなかった笹井博士が、上司である竹市センター長の求めに応じて、論文作成に参加したのである。笹井博士のような実績がある研究者が著者に加わっている論文は、審査をパスしやすくなるからである。

理研内部で、隣接分野の研究者を集めて、STAP細胞に関する報告会をやった形跡はない。生物学の常識を覆す大きな成果が得られたにもかかわらず、その正しさを検証するプロセスをスキップしたのはなぜか。

特許取得にかかわる機密保持と、「特定国立研究開発法人」の指定を受けるためだ、という説がもっぱらである。もしそうだとしたら、実験の詳細を確認する時間も与えられないまま、論文作成に協力を求められ、怪しげな実験結果を信じて深入りした笹井博士は、まことに不運な人である。

研究者のキャリア

もう一つ不可解なのは、この実験のキーパーソンである小保方博士の経歴である。30歳と言えば、博士号を取得してから2年にしかならない〝駆け出し〟である。このような人が、世界のセンター・オブ・エクサレンスで、ユニット・リーダーとしての役割を与えられたのは、理解に苦しむことである。

研究者というものは、博士号を取得した段階では、大きな研究プロジェクトのリーダーを務めるに相応《ふさわ》しい実力がない。さまざまな研究を行い、何編もの論文を書く過程で、徐々にリーダーとして必要な経験を積んで行くのである。

ヒラノ教授が博士号を取得したのは30歳の時だが、そのころを振り返ると、まさに〝ひよ子〟だった。独り立ちしたのはその10年後、共同研究のリーダーが務まるようになったのは、さらにその5年後である。

小保方博士は、ハーバード大学のチャールズ・バカンティ博士の〝秘蔵っ子〟だと言われている。笹井博士は、〝このような研究者に、実験ノートを提出せよといった失礼なことは言えなかった〟と記者会見で語っているが、学界の常識を覆す新発見であればこそ、ハーバード大学の権威より、生物学２００年の重みを重視すべきだった。

ＳＴＡＰ事件は、日本の大学院教育が抱える重大な問題をあぶり出した。

ヒラノ教授が学生だった頃、博士課程に入れてもらえるのは、特別な秀才だけだった。ところが、１９９０年代半ばに実施された「大学院重点化」によって、日本の理工系博士の数は2倍に増えた。最近は博士号を取っても就職先がないので、博士課程に進学する学生が減っているが、それでもヒラノ教授の世代に比べれば、3倍以上に増えたのである。

その一方で、大学院教育は50年前とあまり変わっていない。学生は指導教授のもとで、狭い範囲の問題について研究を行い、博士論文を書くだけである（このあたりのことは、『工学部ヒラノ教授』で紹介した）。

これに対してアメリカの一流大学では、博士課程に入学した学生に、コースワーク（講義と宿題）によって基礎知識をたたき込む。そして、基礎知識の有無を確認するための博士資格試験に合格した人（博士候補生）だけが、博士論文を書く権利を与えられるのである。

半世紀前にスタンフォード大学に留学したヒラノ青年は、先端分野の博士教育における日米の格差に衝撃を受けた。大学院重点化以後博士が量産される中で、この格差はさらに広がっている可能性が高い。このままでは、〝日本の大学生は不勉強だ〟という悪評に続いて、〝日本で発行された博士号はあてにならない〟、というレッテルが張られることが懸念される。

小保方博士のキャリアを調べて見ると、体系的な基礎トレーニングを受けた形跡はない。実験系研究者としての基本である、実験ノート作成の杜撰《ずさん》さがその一つの証拠である。

人間は余り多くのことを知りすぎると、新しい発想が生まれにくくなるから、博士課程の学生に、コースワークによるトレーニングを施す必要はない、という意見もある。しかし、基礎トレーニングを受けていない人は、思いがけないところに穴があって、間違いを犯す可能性がある。そのような研究者でも、試行錯誤の過程で徐々に実力を蓄えて行くのだが、小保方博士はまだ穴だらけ状態だったのである。

もう1人の若山博士は、実績がある研究者である。ところが、早いころから小保方博士と協力して研究を行っていたにもかかわらず、小保方博士がどのように実験を行っていたかは知らなかったという。分業体制を取っていたからであるが、この体制が変わらなければ、今後も似たような事件が起こるだろう。

理研の研究体制

最後に今回の事件を引き起こした、理化学研究所の体質に触れなくてはならない。経験が浅い駆け出し研究者に責任ある地位を与えたこと、論文内容の正しさを確認するプロセスをスキップしたこと、笹井博士のような優れた研究者を、論文審査をパスさせるために協力させ、研究者生命に致命傷を与えたこと、派手な宣伝活動を行ったことなどなど。

またこれほどの大事件を起こしておきながら、5ヶ月以上指導部が責任を取ろうとしなかったのも、理解しがたいことである。

8月末に、理研内部で実施した追実験の中間報告が行われたが、件《くだん》の論文中に記された方法では、STAP細胞の存在は確認できなかったという。世界のあちこちで追実験が行われたにもかかわらず、半年以上経過しても成功したという報告がなかったことからすれば、予想された結果であるが、今後も成功する見込みはない、と断定する専門家は多い。

成功の見込みがない研究に国費をつぎ込むことについて、専門家の間で批判の声が高まっている。一方ここで実験を中止すれば、ジャーナリズムや小保方ファンから袋《ふくろ》叩《だた》きにあうだろう。

理研としては難しい判断が必要とされるが、〝工学部の教え7ヶ条〟に従うヒラノ教授は、この問題については、専門家の意見を重視して、早急に決着をつけるべきだと考えている。

理研は、生物学だけでなく、脳科学、スーパー・コンピューターなどの分野でも、世界最先端の研究成果を上げて来た。しかしこのままでは、これらの部門にも影響が及ぶことが懸念される（すでに及んでいるという人もいる）。

研究体制を抜本的に改めない限り、今回のような不祥事が再発する可能性もある。そのようなことになれば、理研全体が再起不能になるだろう。8月末になって理研は改革に乗り出したようであるが、尻《しり》つぼみにならないことを願いたいものである。

今回の事件に対して、理研の（短期的）成果主義に対する批判がある。しかしこれは、大学を含む日本の研究機関すべてに共通する問題である。

研究とは、いわば〝宝探し〟である。したがって、2～3年の間に研究成果が出ないからと言って、その人が無能であるとは限らない。重要な成果を上げるためには、時間をかけてじっくり研究することが必要なのである。

短期的成果主義のもとで若い研究者は、3年から5年の任期付きポストで、極めて不安定な生活を送っている。確かに3年では短すぎる。しかし、5年以上何の成果も上げない研究者が、10年後に優れた成果を上げるケースは少ない。アメリカの一流大学が、3年ないし6年の任期中に、一定の成果を上げない新任の助教授（日本の助教）を解雇するのはこのためである。

国民の税金を使って研究している以上、ある程度の成果主義は受け入れざるをえないのではなかろうか。

ヒラノ教授は、成果主義もさることながら、特許を取得して金銭的収益を上げようとする〝特許重視〟主義が、基礎研究の世界にも蔓延《まんえん》していることの方が問題だと考えている。金銭的収益が見込めない基礎的研究についても特許取得を求められ、研究者が貴重な研究時間を奪われているのは由々しき問題である。

しかし、紙数が尽きたので、この件については機会を改めて述べることにしよう。

あとがき

この本の執筆に取り掛ったのは、『工学部ヒラノ教授』が出版された直後である。当初は3ヶ月もあれば完成すると思っていたが、その後起こった3つの大事件のため、スケジュールは大幅に狂ってしまった。

1つ目の事件は、13章で書いた大震災と原発事故である。若いころ原子力発電にかかわったことがあるヒラノ教授の、エンジニアとしての矜持《きょうじ》は、この〝想定外〟の事故によって大きく傷ついた。国を二分する原発論議のなかで、その傷口は塞《ふさ》がるどころか、広がる一方である。

2つ目は、満70歳を迎えて、大学から解雇されたことである（定年退職したとき、〝解雇証明書〟なるものを頂戴した）。定年間近の工学部教授は、相撲部屋の親方のような存在だとは言うものの、それでも、研究・教育・雑務で、年に2000時間分くらいの仕事があった。

定年後も、論文誌の編集作業などいくつかの仕事を抱えているが、親方を卒業した相撲〝評論家〟には、週に1日あれば片付く程度の仕事しかない。

3つ目は、定年を迎えた3日後に、48年間連れ添った妻が逝《い》ってしまったことである。これは、半ば想定内の出来事だったが、妻を介護するという仕事もなくなってしまったのである。

超ベストセラー『頭の体操』シリーズで有名な、心理学者の多湖輝《たごあきら》先生は、定年後に〝楽老〟生活を送るためには、〝きょうようときょういく〟が大事だと仰《おっしゃ》る。教養と教育ではなく、〝きょう用事があって、きょう行くところがある〟という意味だそうだが、ヒラノ老人には週に2回くらいしか行くところがない。

先輩の話を聞くと、これでもまだ恵まれている方だ。知り合いの中には、3ヶ月先まで手帳が真っ白な京都大学名誉教授や、朝の散歩以外には、予定というものが全くない東大名誉教授もいる。

研究・教育・雑用・介護の4点セットを失い、完全無重力空間に放り出されたヒラノ老人は、年2000時間以上の執筆時間を手に入れた。これで執筆スピードが上がったかと言えば、そうではない。

〝下手な考え、休むに似たり〟のことわざ通り、時間があり過ぎると、思考が発散して文章が書けなくなる。忙しい仕事の合間に書く方が、ずっと効率的なのである。

それでもヒラノ教授は、作家・小川洋子氏の、「物書きを目指す者は、毎日机の前に座ること」という教えに従って、毎日パソコンの前に座り、1日5枚以上書くことを目指して、この1年を過ごしてきた。こうして出来上がったのが、この本である。

世界に冠たる〝モノづくり王国〟の兵站《へいたん》基地を務めた〝工学部〟について語るべきことは、まだまだある。時間はいくらでもあるので、これから先も〝工学部の語り部〟を続けたいと考えている。

最後になったが、いつも通り原稿を詳しく読んで、さまざまなアドバイスを下さった新潮社の足立《あだち》真穂さんに、心からお礼申し上げたい。

2012年5月　今野浩

文庫版あとがき

中央大学を定年退職したあと、ヒラノ老人は〝工学部の語り部〟として、工学部という組織とそこに勤める人たちを紹介する本を書き続けてきた。この本は、『工学部ヒラノ教授』に始まるヒラノ・シリーズの2冊目である。

仲間たちの顰蹙《ひんしゅく》を買うことが分かっていながら、このような〝暴露本〟を書いたのは、世間一般の人に、〝日本のチベット・工学部〟に親しみを感じて頂きたいと思ったからである。幸いこの本は、あちこちの書評で取り上げられたおかげで、前作を上回る売り上げを達成した。

読者からは、何通もの〝ファンレター〟を頂戴《ちょうだい》した。「キオスクの領収書事件で、腹を抱えて笑いました」、「工学部教授って、かわいらしい生きものですね」、「ヒラノ先生の〝犯罪〟など、うちの先生がやっていたことに比べれば、赤ん坊のようなものです」などなど。

中には、「大学教授の犯罪リストをお届けしますので、次回作で取り上げて下さい」という手紙とともに、分厚いレポートを送って下さった私立大学法学部教授までいた。

なお第14章の「STAP論文事件」は、文庫版のために〝節を曲げて〟書き加えたものである。数理系・理論系の研究者であるヒラノ教授にとって、生物系・実験系の研究には分からないことが多い。〝工学部の教え7ヶ条〟（『工学部ヒラノ教授』新潮文庫、2013）にある通り、よく知らないことについて軽々に発言するのは、エンジニアのタブーである。

40年にわたってこの教えを守ってきたヒラノ教授は、この件について発言することを控えてきたが、文庫版出版にあたって、編集部の強い要望で禁を破ることになった次第である。

最後に、本文中に出て来る紛らわしい用語について、少々説明しておこう。

まず教官と教員の違いについて。2004年に独立法人化されるまで、国立大学では教官という名称が使われていた。しかし法人化以後は、国立大学が公務員制度から外されたため、（私立大学と同様）教員という名称が使われるようになった。停年と定年も、国立大学と私立大学の違いである。

大学教官（教員）の呼称について。従来大学教員には、助手、講師、助教授、教授という4つのランクがあった。しかし2007年以降、日本でもアメリカに習って助手が助教（assistant professor）、助教授が准《じゅん》教授（associate professor）と呼ばれるようになった。ちなみにアメリカで助手と言えば、博士課程の大学院生がパートタイムで勤める research assistant（研究助手）、または teaching assistant（教育助手）のことである。本文中では、法人化以前と以後について、これらの用語を使い分けた。

なお文庫化にあたって、前回同様、新潮社の石戸谷氏に大変お世話になった。ここで厚く御礼申し上げたい。

2014年10月　今野浩

古き良きヒラノ教授時代

仲野　徹

「ヒラノ教授、あんたの時代はよかった」。工学部ヒラノ教授シリーズを読んだ現役教授たちは、私とおなじようにつぶやくだろう。ご本人は、どこがよかったのか、とおっしゃるかもしれない。しかし、20年ほど前、いろいろと不自由や不条理はあったけれど、国立大学はゆるくてのどかな場所だった。

この本では、その時代にヒラノ教授が（たぶんやむなく）手を染められた不正行為が大胆に開陳されている。しかし、窃盗罪や詐欺《さぎ》罪でも時効は7年。東京工業大学を停年で辞されてから10年以上になるヒラノ教授、いまさら咎《とが》められることもありますまい。それに、20年ほど前は、やったらダメとわかっていても、いかんともしがたい事情が多々あった。

某省の研究費など、どういう理由かは知らないが、毎年2月にならないと振り込まれなかった。単年度決済なのだから、3月の中旬までに使い切る必要があるにもかかわらず、である。もちろん計画は1年かけて遂行すると申請してあるし、実際に時間がかかる。どうしろと言うのか、まったく理解ができなかった。

建前としてはいけないことになっていたけれど、業者さんからの借金が常態化していた。前借りしないと、使い切れないのである。その省の研究費を現金として金庫にため込んでいたという事件が報道されたことがある。いかなるトリックを使っていたかは知らないが、その教授は、借金することをよしとせず、貯金しておられたのだ。気持ちはわからないでもないし、家計なら誉《ほ》められるところだ。けど、公金だ。さすがにそんなことをしてはお縄ちょうだいである。

いろいろと不合理な予算もあった。たとえば、旅費にしか使えない公費。使い切らないと、次年度に減らされるのではないかという恐怖感から、予算消化のための出張がけっこうあった。若手教授のころは、頼みやすかったせいか、年度末になるとあちこちへ特別講義におよばれしたものである。行っても行かなくてもいいような出張なので、いわば税金の無駄遣いではある。が、一応は合法的な予算消化であった。同時に、当然のようにカラ出張もおこなわれていた。

ご想像のとおり、昔も今も、教授の自己保身と身勝手さはかなりのものである。だから、教授が自らカラ出張などはしない。あわれ、助教授や助手（現在は准《じゅん》教授と助教）が命じられることになる。もちろん、なかなか断れない。事務の人に見つかるといけないので、大学へは行きたくないところだが、教授はそれほど甘くない。かくして、できるだけ人に顔を合わせないよう、実験室にこもりきりで研究をせざるをえない、という最悪の状況になっていたりした。念のために申し上げておきますが、幸いなことに、私にはそのような経験は一度もございません。あ、教授らしく、保身してしもた……。

学生に学会発表をさせようにも、公的な研究費から旅費を出すことが難しかった。かといって、学生も教授もそれほど豊かではない。いかにして捻出《ねんしゅつ》するか。よく見聞きしたのは、学生にアルバイト謝金を出して、それをペイバックしてもらい——あるいはピンハネして——プールして使うというやり方だ。

実際に業務をさせて、その学生が納得していれば、少なくとも外見上の問題はない。が、アルバイトの実態がないのに謝金が払われているようなこともあった。いちばん問題なのは、はいそれでいいです、と言っていた学生が、どうしてペイバックしないといけないのかと素朴な疑問を感じたりすることである。そのとき、この美しきシステムはあっけなく崩壊する。

大学で教えていると、学生からの感謝などというのは期待すべきでなくて、逆恨みされなかったら良しとすべきであることが身にしみてわかってくる。いったん何らかのトラブルがあって、学生に不満でももたれ、ピンハネされてます、などと大学当局に通報されたら、こういう不正行為はひとたまりもない。実際にそうやって訴え出られて、お取り壊しになった研究室があったやに記憶している。

海外出張に行かずにごまかすことができたという、この本の第1章に紹介されているような話は、さすがに驚きだ。最初に海外出張に行ったのは、もう30年も前のことであるが、その頃でさえ、パスポートと航空券の提出が求められていた。まぁ、こういうのは、大学によってルールに違いがあるのだろう。

今はめったになくなったけれど、かつては、給与を全額もらいながら、年単位の海外出張というかたちで留学している人もけっこういた。第3章にもあるように、そういう人は、公的な用務先の国以外に出ることは原則禁止であった。なので、ドイツ留学中の知り合いの一人は、パスポートに出入国のスタンプが押されない国を選んで出国し、ひそかに観光を楽しんでいた。

が、どの国であったか忘れたが、事前に得ていた情報とは違って出入国スタンプを押されてしまって大慌《あわ》て。気の毒に、帰国後どういう処罰を受けるのだろうかと案じてあげていたのだが、おとなしくしていたのは少しの間だけ。しばらくすると、何ら気にせずに、以前にも増してあちこちへ行くようになった。

あれ、どうしたんですか？　不正出入国っちゅうのは、ひとつでも、いくつやっても処分は同じじゃやからですか、と聞いたら、驚くような答えが返ってきた。いやぁ、もう、帰国直前にパスポートを紛失することにしたからいいんです。ん？　ロンダリングである。なるほど、帰国時には、留学先の国の出国スタンプだけが押されているパスポートになるということか。必要は発明の母、なんと賢いのだ。こうして不正行為が案出されていくのかと感心した。

いまは、昔と違って、研究費の使い方もずいぶんと融通がきくようになったので、不正をしてまで費用を捻出しなければならないような事情というのはなくなっている。それに、数多くの不正がおこなわれるたびに、しらみつぶしのように、それぞれのトリックができないようにルールが決められてきたので、不正など簡単にできなくなっている。

たとえば切符である。わが大阪大学では、出張の際、使用済み切符を持ち帰らなければならない。いまや主要な鉄道はすべて自動改札なので、普通にしてると改札機に切符を召し上げられてしまう。ちょっとえらそうにしてるおっさんが、駅員さんに頼んで『使用済』のスタンプを押してもらっているのを見たら、大学教員である可能性が高い。ちなみに、大学教員たるもの、すみませんこの切符持って帰らねばならないのです、などとへりくだって言うよりは、毅然《きぜん》として「記念乗車です」と宣言しながらもらいうけるのが正しい（ような気がする）。

物品の購入は、かならず事務で検収をうけなければならない。こうすることにより、借金で物を買ったり、品目をごまかして購入したりできなくなっている。はずである。残念ながら、研究費というのは、申請してもコンスタントに採択される訳ではない。借金が不可なのだから、金の切れ目が研究の切れ目。にっちもさっちもいかなくなって、研究ができなくなった研究室があってもよさそうなものだ。

しかし、寡聞《かぶん》にして、研究室が倒産したという話はついぞ聞いたことがない。なんらかのトリック、あるいは、ウソ、があるに違いないとふんでいるのではあるが、どうなのだろうか。一方で、これだけ制度が厳しくなっているのだから、相当にオリジナリティーのある技を使わないと不正はできないはずなのだが、なかなか不正行為はなくならない。そんな技を考える時間があれば、もっと研究にいそしんでほしいところである。

大学の研究室というのは、いわば、資本金ゼロの零細企業みたいなものだ。業績という、金銭では計り知れない有意義なもの、あるいは、金銭には換算できない無意味なもの、を商品として、あとは、舌先三寸で、いや、もとへ、申請書を書いて予算を獲得するというビジネスモデルである。

また、商品を買ってくれるような直接の顧客ではないけれど、学生さんたちは、大学にお金をはらってくれる、ある意味ではお客さんである。だから、ハラスメントなどの狼藉《ろうぜき》をはたらくのはもってのほか。とあるセクハラ担当専門の先生は、「あたりまえのことです。お客さんに手をだしたらアウトに決まってるでしょう」と、断言していた。わかりやすい。

セクハラよりアカハラの方がはるかに厄介である。こちらとしては指導しているつもりが、ハラスメントと受け取られることだって十分にありえるのだ。アホなことをした大学院生に、思わず、この程度のことは小学生でもわかるやろ、と注意したことがある。しばらくしてから、スタッフがやってきて、先生、あの発言はアカハラに該当しますから、以後気をつけてください、という。

ほんまかいなとしらべてみると、そのスタッフが正しかった。抽象的に、君、理解力が低すぎるよ、と諭すのはいいらしい。が、小学生レベルなどと、明かな具体例をあげて「貶《おとし》める」ような発言はあかんらしい。時代である。いまや、言いたいことの一割も言えなくなっている。残念ながら、抽象的に注意して、十分にわからせるような高等な術《すべ》を私は知らない。まずもって、相手の理解力が低いのだからなおさらだ。が、アカハラは避けねばならないのであるから、言うわけにはいかない。こうして、指導力が低下していく。

自分のことは、さて棚に上げ、昔は、歩くアカハラみたいな先生、いまの判定基準でいうと、3日に1回くらいの割合でアカハラ案件をおこしておられたような先生がごろごろおられた。もうお亡《な》くなりになられたが、ノーベル賞も夢ではないといわれていた某大先生。座右の銘が「努力は無限」というだけあって、それは厳しかった。自分に厳しいだけならいいけれど、研究室の人たちにも厳しかった。夜中の12時をまわっているのに、研究室にいなかったからといって激怒された、などという程度の伝説は数多く。

大晦日《おおみそか》にディスカッションをして、じゃあ続きは明日にしますか明後日にしますか、と尋ねられ、なに聞いとるんやぁと思いながら、できれば明後日にお願いしますと答えたという話もある。もちろん土日も休みなし。しかし、その先生の論理は明快。日曜日もフルで働いたら、普通の人が7年かかる仕事が6年でできる、というのだ（ちなみに、土曜日がお休みになる前のお話であります）。わかりやすすぎる。が、いまなら、間違いなくアカハラ認定だ。

制度が整備され、やむをえず不正をする必要はなくなったし、ハラスメントも激減しているだろう。昔にくらべたら研究費も潤沢だ。そう思うと、大学の状況というのは相当によくなっているはずなのだが、国立大学に漂う閉塞感《へいそくかん》は尋常ではない。単なる気分だけではない。業績の面でも、欧米、中国など、他国は右肩あがりなのに、日本からの論文数だけが、平成18年から減少に転じているという、とっても暗いデータがある。

原因はいろいろあるだろうけれど、平成16年度におこなわれた、国立大学の独立法人化の影響が大きいという解釈に異を唱える人は少ないだろう。大学に裁量権を与える、というと聞こえはいいが、その分、明らかに教員の運営業務が増加した。任期制のポストが増える、給与の伸びは鈍る、など、雇用条件も悪くなってきている。

その上、文部科学省からいただく運営費交付金は、「大学改革促進係数」という、いまひとつ意味がよくわからない係数をもって、毎年、着実に減額され続けている。研究室と同じく、倒産する国立大学が出ないのが不思議なほどである。地方の国立大学では、節約のため、涙ぐましい努力がなされているところもあると耳にしたりする。

もちろん、お上である文部科学省は冷たいばかりではない。いろいろな理由をつけて、こういうことをやったらお金をあげましょう、という「エサ」をまいてくださる。

そういった競争的資金に、各大学は我先に手をあげる。そんなエサの中には、なんとなく後になって困りそうな「毒饅頭《まんじゅう》」っぽいものもある。しかし、おなかがすいているから、食べざるをえない。いまの国立大学は、貧すれば鈍する、を絵に描いたような状況なのである。

平成27年度からは、法律が一部「改正」され、一層のガバナンス＝統治が導入されようとしている。かつては自治を誇りにしていた大学が統治へと舵《かじ》を切らざるをえないのである。旧態依然とした大学側にも多々問題があることは重々承知している。しかし、いきなり不慣れな制度が導入され、国立大学がどうなっていくのか、先行きはほんとうに不透明だ。

ヒラノ教授の本を読みながら、そんなこともあったなぁと、なつかしみ、笑って読んでいられる今は、まだましな時代なのかもしれない。ヒラノ教授シリーズは、ノンフィクションを語っているが、ユートピア的な国立大学を描いたフィクションではないかと、20年後には多くの人が疑うような時代になっている可能性すらある。ヒラノ教授の時代はそれほどいい時代だったかもしれないのだ。

（平成26年10月、大阪大学大学院生命機能研究科教授）

この作品は平成二十四年六月新潮社より刊行された。文庫化に際し、「ＳＴＡＰ論文事件」（書き下ろし）を収録した。

新潮文庫最新刊

内田樹著
ぼくの住まい論
この手で道場をつくりたい――「宴会のできる武家屋敷」を目指して新築した自邸兼道場「凱風館」。ウチダ流「家づくり」のすべて。

永田和宏著
歌に私は泣くだらう
―妻・河野裕子 闘病の十年―
講談社エッセイ賞受賞
歌人永田和宏と河野裕子。限りある命と向き合い、生と死を見つめながら歌を詠んだ日々――深い絆で結ばれた夫婦の愛と苦悩の物語。

今野浩著
工学部ヒラノ教授の事件ファイル
事件は工学部で起きている。研究費横領、経歴詐称、論文盗作、データ捏造、美人女子大生の蜜の罠。理系世界の暗部を描く実録秘話。

新潮文庫編集部編
あのひと
―傑作随想41編―
父の小言、母の温もり、もう会うことのない友人――。心に刻まれた大切な人の記憶を、万感の想いをもって綴るエッセイ傑作選。

大津秀一著
人生の〆方
―医者が看取った12人の物語―
ごくごく普通の偉人12人の物語。幸せな最期を迎えるための死生観とは、どのようなものなのか。小説のような感動的エピソード。

玉川大学赤ちゃんラボ著
なるほど！赤ちゃん学
―ここまでわかった赤ちゃんの不思議―
赤ちゃんは学習の天才――。知れば育児・保育がもっと楽しい！二千人の乳幼児と接した研究者が明かす、子どものスゴイ能力とは。

工学部《こうがくぶ》ヒラノ教授《きょうじゅ》の事件《じけん》ファイル

新潮文庫　こ－57－2

平成二十七年一月一日発行

著者　今《こん》野《の》浩《ひろし》

発行者　佐藤隆信

発行所　株式会社 新潮社

郵便番号　一六二―八七一一
東京都新宿区矢来町七一
電話 編集部(〇三)三二六六―五四四〇
読者係(〇三)三二六六―五一一一
http://www.shinchosha.co.jp

価格はカバーに表示してあります。

乱丁・落丁本は、ご面倒ですが小社読者係宛ご送付ください。送料小社負担にてお取替えいたします。

印刷・二光印刷株式会社　製本・株式会社植木製本所

ISBN978-4-10-125162-2 C0195